2023

企业研发活动情况统计年鉴

国家统计局社会科技
和文化产业统计司 编

图书在版编目（CIP）数据

企业研发活动情况统计年鉴. 2023 / 国家统计局社会科技和文化产业统计司编. -- 北京 ：中国统计出版社，2023.10
ISBN 978-7-5230-0219-3

Ⅰ. ①企… Ⅱ. ①国… Ⅲ. ①企业－技术开发－统计资料－中国－2023－年鉴 Ⅳ. ①F279.23-54

中国国家版本馆 CIP 数据核字(2023)第 186944 号

企业研发活动情况统计年鉴 2023

作　　者/国家统计局社会科技和文化产业统计司
责任编辑/李　冲
执行编辑/刘　晨
封面设计/李雪燕　张　冰
出版发行/中国统计出版社有限公司
通信地址/北京市丰台区西三环南路甲 6 号　邮政编码/100073
发行电话/邮购（010）63376909　书店（010）68783171
网　　址/http://www.zgtjcbs.com/
印　　刷/河北鑫兆源印刷有限公司
经　　销/新华书店
开　　本/890mm×1240mm　1/16
字　　数/360 千字
印　　张/15
版　　别/2023 年 10 月第 1 版
版　　次/2023 年 10 月第 1 次印刷
定　　价/280.00 元

《企业研发活动情况统计年鉴 2023》
编委会、编辑工作人员

编 委 会

编 辑 部

编者说明

《企业研发活动情况统计年鉴 2023》收录了全国及 31 个省、自治区、直辖市 2022 年规模以上全部企业和工业企业研发活动主要统计数据，是一部较为全面反映我国企业研发活动开展情况的统计资料书。

本书分为两个部分，分别为工业企业研发活动情况和非工业企业研发活动情况，具体包括企业 R&D 及相关活动主要指标、企业基本情况、R&D 人员情况、R&D 经费情况、企业办研发机构情况、新产品开发及销售情况、自主知识产权及相关情况、政府相关政策落实情况、技术获取和技术改造情况等。书后附有主要统计指标解释。

本年鉴所涉及的全国性统计数据，均未包括香港、澳门特别行政区和台湾省数据。

本书数据的年份为 2022 年；数据口径为规模以上采矿业，制造业，电力、热力、燃气及水生产和供应业法人单位；特、一级总承包、专业承包建筑业法人单位；规模以上交通运输、仓储和邮政业，信息传输、软件和信息技术服务业，租赁和商务服务业，科学研究和技术服务业，水利、环境和公共设施管理业，卫生和社会工作，文化、体育和娱乐业等法人单位。按地区分组中，东部地区包括北京、天津、河北、上海、江苏、浙江、福建、山东、广东和海南 10 个省市；中部地区包括山西、安徽、江西、河南、湖北和湖南 6 个省；西部地区包括内蒙古、广西、重庆、四川、贵州、云南、西藏、陕西、甘肃、青海、宁夏和新疆 12 个省区市；东北地区包括辽宁、吉林和黑龙江 3 个省。

书中因小数取舍而产生的误差均未作配平调整；各表中的“空格”表示该项统计指标数据不足本表最小单位数、数据不详或无该项数据；“#”表示其中的主要项。

目　录

第一部分　全部企业研发活动情况

第二部分　工业企业研发活动情况

二、工业企业基本情况（2022）

三、工业企业 R&D 人员情况（2022）

四、工业企业 R&D 经费支出情况（2022）

五、工业企业办研发机构情况（2022）

六、工业企业新产品开发及销售情况（2022）

七、工业企业自主知识产权及相关情况（2022）

八、工业企业政府相关政策落实情况（2022）

九、工业企业技术获取和技术改造情况（2022）

附录　主要指标解释

第一部分
全部企业研发活动情况

1-1-1 全部企业R&D及相关活动主要指标

主要指标	单位	2016	2017	2018	2019	2020	2021	2022
企业基本情况								
#有R&D活动的企业	个	90770	107262	110153	142078	162394	185848	195416
#有研发机构的企业	个	64075	73805	76167	93903	104003	120148	136733
R&D人员情况								
R&D人员	人	4318578	4614016	4890535	5164697	5592171	6458969	7110218
#女性	人	959373	1028908	1089799	1136843	1249796	1444591	1601799
#研究人员	人	1488348	1540673	1619860	1711818	1834041	1998054	2177697
R&D人员折合全时当量	人年	3003988	3111716	3416687	3660340	4052285	4455777	4989699
R&D经费情况								
R&D经费内部支出	万元	121308841	136471529	152206491	167423221	183572243	211306182	235375617
按支出用途分								
1.日常性支出	万元	108700759	123224279	138345763	155926890	170611657	197948986	221463395
#人员劳务费	万元	38986723	43720206	50382912	56325521	66955577	73658636	86091147
2.资产性支出	万元	12608082	13247250	13860728	11496332	12960586	13357197	13912222
#仪器和设备	万元	12349535	12999449	13573083	11131011	12667219	12957989	13547995
按资金来源分								
政府资金	万元	4479930	4680197	4895421	6410575	5236310	6214206	5711289
企业资金	万元	114863810	129712690	145492254	155540858	177255598	204453809	229129522
境外资金	万元	927635	1025580	599620	156413	796859	475033	385919
其他资金	万元	1037466	1053062	1219195	261371	283477	163134	148886
R&D经费外部支出	万元	7152926	8530258	11507901	8946378	15188069	19233623	21368434
#对境内研究机构支出	万元	3066874	2865381	3763251	3517068	3734568	4432741	4246405
对境内高等学校支出	万元	767186	783759	734187	694019	773318	913070	1001975
对境外支出	万元	906948	1168068	1279243	1290710	1698161	1828020	1754675
企业办研发机构情况								
机构数	个	76740	87660	88503	106510	117710	134721	152581
机构人员数	人	3236739	3720577	3738040	4275275	4690661	5241987	5587436
#博士	人	54138	59215	53779	58306	60337	68748	69854
硕士	人	422773	481106	486292	546626	593986	673989	651657
机构经费支出	万元	84520869	102263663	121573913	154587761	175926459	219593653	237505222
仪器和设备原价	万元	79235810	96835267	89409407	106910291	113736155	135180386	158223448
自主知识产权及相关情况								
专利申请数	件	832538	955749	1132666	1333090	1589424	1809485	1948559
#发明专利	件	351597	398322	472328	547673	636905	720479	803295
有效发明专利数	件	894750	1082392	1310103	1542007	1832645	2173424	2591095
政府相关政策落实情况								
研究开发费用加计扣除减免税	万元	6103049	7063730	11014846	18723180	24219066	28294855	39789454
高新技术企业减免税	万元	10094209	13053423	15139891	18441424	21615919	31129760	31143870

1−2−1 分登记注册类型全部企业基本情况

单位：个

登记注册类型	有R&D活动	有研发机构
合　计	**195416**	**136733**
内资企业	**177974**	**123864**
国有企业	1412	726
集体企业	150	83
股份合作企业	237	155
联营企业	46	24
有限责任公司	31942	20607
股份有限公司	6784	4938
私营企业	137369	97304
其他企业	34	27
港、澳、台商投资企业	**8108**	**6642**
合资经营企业	2700	1991
合作经营企业	90	72
港、澳、台商独资经营企业	4697	4072
港、澳、台商投资股份有限公司	481	391
其他港、澳、台投资企业	140	116
外商投资企业	**9334**	**6227**
中外合资经营企业	3471	2244
中外合作经营企业	90	55
外资企业	5260	3574
外商投资股份有限公司	418	283
其他外商投资企业	95	71

1-2-2　分行业全部企业基本情况

单位：个

行　业	有R&D活动	有研发机构
合　计	**195416**	**136733**
采矿业	**1783**	**869**
煤炭开采和洗选业	584	272
石油和天然气开采业	58	34
黑色金属矿采选业	214	93
有色金属矿采选业	284	129
非金属矿采选业	593	313
开采及其他辅助性活动	47	26
制造业	**171557**	**122361**
农副食品加工业	5937	3569
食品制造业	3275	2193
酒、饮料和精制茶制造业	1344	920
烟草制品业	76	56
纺织业	6476	4930
纺织服装、服饰业	2768	1877
皮革、毛皮、羽毛及其制品和制鞋业	2506	1601
木材加工和木、竹、藤、棕、草制品业	2648	1276
家具制造业	2097	1707
造纸和纸制品业	2063	1664
印刷和记录媒介复制业	2378	1682
文教、工美、体育和娱乐用品制造业	3244	2537
石油加工、炼焦和核燃料加工业	696	420
化学原料和化学制品制造业	10811	7899
医药制造业	5539	3704
化学纤维制造业	1075	744
橡胶和塑料制品业	9645	7496
非金属矿物制品业	12586	7842
黑色金属冶炼和压延加工业	1673	1161
有色金属冶炼和压延加工业	3364	2208
金属制品业	12340	9056
通用设备制造业	17047	11860
专用设备制造业	14307	9677
汽车制造业	8580	5781
铁路、船舶、航空航天和其他运输设备制造业	2866	1818
电气机械和器材制造业	15989	12833
计算机、通信和其他电子设备制造业	14200	11754
仪器仪表制造业	4098	2834
其他制造业	807	574
废弃资源综合利用业	910	583
金属制品、机械和设备修理业	212	105

1-2-2 续表

单位：个

行 业	有R&D活动	有研发机构
电力、热力、燃气及水生产和供应业	**2279**	**1073**
电力、热力生产和供应业	1444	633
燃气生产和供应业	353	192
水的生产和供应业	482	248
建筑业	**2861**	**2113**
房屋建筑业	1113	898
土木工程建筑业	1004	730
建筑安装业	384	212
建筑装饰、装修和其他建筑业	360	273
交通运输、仓储和邮政业	**627**	**322**
铁路运输业	23	6
道路运输业	288	147
水上运输业	60	24
航空运输业	22	6
管道运输业	16	5
多式联运和运输代理业	93	74
装卸搬运和仓储业	113	54
邮政业	12	6
信息传输、软件和信息技术服务业	**6083**	**4889**
电信、广播电视和卫星传输服务	357	156
互联网和相关服务	1034	624
软件和信息技术服务业	4692	4109
租赁和商务服务业	**982**	**496**
租赁业	97	62
商务服务业	885	434
科学研究和技术服务业	**7924**	**3934**
研究和试验发展	1425	689
专业技术服务业	5442	2816
科技推广和应用服务业	1057	429
水利、环境和公共设施管理业	**544**	**294**
水利管理业	20	7
生态保护和环境治理业	319	177
公共设施管理业	187	105
土地管理业	18	5
卫生和社会工作	**441**	**217**
卫生	438	215
社会工作	3	2
文化、体育和娱乐业	**255**	**123**
新闻和出版业	51	17
广播、电视、电影和影视录音制作业	89	42
文化艺术业	43	26
体育	14	9
娱乐业	58	29

1-2-3 各地区全部企业基本情况

单位：个

地　区	有R&D活动	有研发机构
全　国	**195416**	**136733**
东部地区	128444	98503
中部地区	44232	28891
西部地区	18820	8287
东北地区	3920	1052
北　京	3416	922
天　津	2091	654
河　北	5181	4643
山　西	1222	1563
内蒙古	767	282
辽　宁	2649	629
吉　林	491	190
黑龙江	780	233
上　海	4286	1267
江　苏	33545	18992
浙　江	26309	26212
安　徽	9615	7666
福　建	8147	2512
江　西	5477	5836
山　东	19307	9191
河　南	8823	4620
湖　北	7722	5692
湖　南	11373	3514
广　东	25952	34013
广　西	1944	857
海　南	210	97
重　庆	3609	2521
四　川	5433	2049
贵　州	1491	478
云　南	1447	633
西　藏	21	10
陕　西	2282	707
甘　肃	640	205
青　海	98	27
宁　夏	672	304
新　疆	416	214

1-3-1　分登记注册类型全部企业R&D人员情况

登记注册类型	R&D人员（人）	#女性	#研究人员	R&D人员折合全时当量（人年）
合　计	**7110218**	**1601799**	**2177697**	**4989699**
内资企业	**5885794**	**1294340**	**1791986**	**4095952**
国有企业	114653	24086	49704	73360
集体企业	3914	774	989	2717
股份合作企业	4555	1073	1027	3313
联营企业	1481	388	605	950
有限责任公司	1937963	392769	693657	1323813
股份有限公司	769152	176968	295314	537311
私营企业	3049893	697466	748924	2152199
其他企业	4183	816	1766	2290
港、澳、台商投资企业	**629400**	**158096**	**188127**	**469238**
合资经营企业	181637	39150	53005	137723
合作经营企业	4133	913	725	2911
港、澳、台商独资经营企业	351681	95998	103303	260143
港、澳、台商投资股份有限公司	84357	20108	28436	64179
其他港、澳、台投资企业	7592	1927	2658	4282
外商投资企业	**595024**	**149363**	**197584**	**424508**
中外合资经营企业	219900	48846	77051	156774
中外合作经营企业	4569	781	1136	2772
外资企业	304555	81716	96276	218738
外商投资股份有限公司	57183	15856	20364	40776
其他外商投资企业	8817	2164	2757	5447

1-3-2 分行业全部企业R&D人员情况

行 业	R&D人员(人)	#女性	#研究人员	R&D人员折合全时当量(人年)
合 计	**7110218**	**1601799**	**2177697**	**4989699**
采矿业	**169293**	**19337**	**51270**	**93715**
煤炭开采和洗选业	88491	3344	20522	45059
石油和天然气开采业	31860	9519	15702	18724
黑色金属矿采选业	9858	1296	2470	5588
有色金属矿采选业	11840	1304	2751	7632
非金属矿采选业	10370	1683	2241	6916
开采及其他辅助性活动	16795	2183	7560	9757
制造业	**5735709**	**1303683**	**1581256**	**4074219**
农副食品加工业	100696	30815	22824	64734
食品制造业	84283	31682	20110	55224
酒、饮料和精制茶制造业	39603	11269	10020	22587
烟草制品业	7720	1960	3294	4865
纺织业	158864	59699	25899	109582
纺织服装、服饰业	67987	32975	11009	48935
皮革、毛皮、羽毛及其制品和制鞋业	64122	24696	8434	47004
木材加工和木、竹、藤、棕、草制品业	35978	8754	6809	24414
家具制造业	55561	14056	9599	40831
造纸和纸制品业	59830	12964	9090	41246
印刷和记录媒介复制业	51479	13781	9291	35676
文教、工美、体育和娱乐用品制造业	72442	22413	12953	51860
石油加工、炼焦和核燃料加工业	40545	7761	11192	22464
化学原料和化学制品制造业	316063	75327	86775	220273
医药制造业	249784	117621	94929	175288
化学纤维制造业	43394	11227	7624	30081
橡胶和塑料制品业	210338	47451	38131	149703
非金属矿物制品业	277455	52859	55277	181748
黑色金属冶炼和压延加工业	156372	19708	40162	96286
有色金属冶炼和压延加工业	131444	20873	29571	87432
金属制品业	263260	46802	52511	185858
通用设备制造业	439744	70697	123550	316320
专用设备制造业	403605	70249	130480	283598
汽车制造业	447097	75912	146946	326806
铁路、船舶、航空航天和其他运输设备制造业	168064	34746	65308	118941
电气机械和器材制造业	557825	118116	148519	405967
计算机、通信和其他电子设备制造业	1041232	233967	334973	792197
仪器仪表制造业	141411	24889	51647	101224
其他制造业	23950	6152	7222	16039
废弃资源综合利用业	15230	3081	3535	9936
金属制品、机械和设备修理业	10331	1181	3572	7099

1-3-2 续表

行业	R&D人员(人)	#女性	#研究人员	R&D人员折合全时当量(人年)
电力、热力、燃气及水生产和供应业	**83156**	**14585**	**32869**	**46732**
电力、热力生产和供应业	61738	10201	26375	32731
燃气生产和供应业	11601	2023	3239	7518
水的生产和供应业	9817	2361	3255	6483
建筑业	**251472**	**31838**	**100703**	**171438**
房屋建筑业	105144	13872	40569	69379
土木工程建筑业	112663	12397	47635	77275
建筑安装业	18596	2755	7214	13377
建筑装饰和其他建筑业	15069	2814	5285	11407
交通运输、仓储和邮政业	**24605**	**4914**	**9510**	**13966**
铁路运输业	3409	432	1519	2378
道路运输业	12025	2630	4665	6196
水上运输业	2927	335	1010	1462
航空运输业	908	222	469	518
管道运输业	671	93	318	429
多式联运和运输代理业	2016	653	653	1309
装卸搬运和仓储业	2156	441	686	1295
邮政业	493	108	190	379
信息传输、软件和信息技术服务业	**461898**	**112297**	**219840**	**335062**
电信、广播电视和卫星传输服务	25141	7048	10956	13038
互联网和相关服务	118445	31571	59552	89418
软件和信息技术服务业	318312	73678	149332	232606
租赁和商务服务业	**29191**	**8432**	**13092**	**19045**
租赁业	1895	315	636	1264
商务服务业	27296	8117	12456	17781
科学研究和技术服务业	**326282**	**95327**	**158603**	**217548**
研究和试验发展	83806	31926	41711	57747
专业技术服务业	212466	54888	102694	139089
科技推广和应用服务业	30010	8513	14198	20711
水利、环境和公共设施管理业	**10649**	**2733**	**3330**	**6760**
水利管理业	552	126	272	391
生态保护和环境治理业	4824	1093	1761	3011
公共设施管理业	4926	1428	1180	3130
土地管理业	347	86	117	228
卫生和社会工作	**11245**	**6390**	**4678**	**6546**
卫生	11219	6381	4668	6525
社会工作	26	9	10	21
文化、体育和娱乐业	**5245**	**1931**	**2074**	**3664**
新闻和出版业	1444	730	514	956
广播、电视、电影和影视录音制作业	2300	693	1052	1672
文化艺术业	530	206	177	342
体育	128	28	50	89
娱乐业	843	274	281	604

1-3-3　各地区全部企业R&D人员情况

地　区	R&D人员（人）	#女性	#研究人员	R&D人员折合全时当量（人年）
全　国	**7110218**	**1601799**	**2177697**	**4989699**
东部地区	4696433	1080808	1410501	3389781
中部地区	1409205	297736	421841	971922
西部地区	811774	177011	269325	505741
东北地区	192806	46244	76030	122255
北　京	236123	65928	112085	154332
天　津	110636	26237	42946	71803
河　北	194281	42622	56804	126431
山　西	75206	11712	20203	43793
内蒙古	50560	8382	13245	26872
辽　宁	126439	29014	48713	82747
吉　林	28700	7467	13010	16908
黑龙江	37667	9763	14307	22600
上　海	246233	64174	107050	174196
江　苏	1020172	238185	314114	734046
浙　江	741649	165584	167453	575208
安　徽	288358	57225	82602	199883
福　建	311863	78001	84950	227353
江　西	150125	33363	33993	108110
山　东	656821	155595	185659	446609
河　南	303345	67094	88641	203917
湖　北	301203	67895	100860	209336
湖　南	290968	60447	95542	206883
广　东	1171261	241810	336880	874951
广　西	77347	17766	21036	43544
海　南	7394	2672	2560	4852
重　庆	143208	31754	47492	96849
四　川	232122	52695	81647	150297
贵　州	56619	11490	16912	33727
云　南	57247	11483	16047	36001
西　藏	765	171	227	280
陕　西	116941	27238	48740	76309
甘　肃	26523	5883	10343	15695
青　海	5677	1350	2132	2845
宁　夏	22789	4891	5606	12035
新　疆	21976	3908	5898	11287

1-4-1　分登记注册类型全部企业R&D经费内部支出情况

单位：万元

登记注册类型	R&D经费内部支出	日常性支出	#人员劳务费	资产性支出	#仪器和设备	#政府资金	#企业资金
合　计	**235375617**	**221463395**	**86091147**	**13912222**	**13547995**	**5711289**	**229129522**
内资企业	**189360837**	**178390122**	**66867909**	**10970714**	**10657324**	**5213877**	**183981488**
国有企业	3785073	3498117	1493971	286955	277189	290308	3485752
集体企业	85116	80936	33036	4180	4037	120	84996
股份合作企业	126197	121667	37197	4530	4323	1085	124873
联营企业	52979	50177	18856	2802	2626	82	52880
有限责任公司	73766332	69497071	27678243	4269261	4143601	2927411	70748689
股份有限公司	28303886	26679037	10796091	1624848	1578946	1144595	27149708
私营企业	83065178	78292348	26765949	4772830	4641342	845509	82163280
其他企业	176076	170768	44567	5308	5260	4766	171310
港、澳、台商投资企业	**22070032**	**20631752**	**10008217**	**1438280**	**1412682**	**274962**	**21716996**
合资经营企业	5578463	5291186	2060797	287277	280665	97876	5478157
合作经营企业	131030	127437	31045	3593	3580	236	130794
港、澳、台商独资经营企业	12905119	11932848	6507915	972270	957006	139294	12690480
港、澳、台商投资股份有限公司	3079216	2935401	1297101	143814	140391	32205	3046984
其他港、澳、台投资企业	376206	344880	111359	31326	31040	5350	370581
外商投资企业	**23944748**	**22441521**	**9215021**	**1503227**	**1477990**	**222451**	**23431039**
中外合资经营企业	9817937	9349567	3071706	468370	459553	89946	9656996
中外合作经营企业	134443	126094	49430	8349	7994	455	133988
外资企业	11377768	10544935	5170268	832833	820830	57287	11104786
外商投资股份有限公司	2350498	2199562	829350	150936	146980	61291	2284647
其他外商投资企业	264102	221364	94266	42739	42634	13473	250622

1-4-2 分行业全部企业R&D经费内部支出情况

单位：万元

行　　业	R&D经费内部支出	日常性支出	#人员劳务费	资产性支出	#仪器和设备	#政府资金	#企业资金
合　计	**235375617**	**221463395**	**86091147**	**13912222**	**13547995**	**5711289**	**229129522**
采矿业	**4659528**	**4508129**	**1508827**	**151399**	**136589**	**45132**	**4612991**
煤炭开采和洗选业	1826304	1760761	622391	65544	59420	10709	1815401
石油和天然气开采业	1217695	1197234	520776	20461	17007	25584	1191789
黑色金属矿采选业	440569	415893	78778	24676	21578	1076	439492
有色金属矿采选业	355531	342053	85472	13479	12827	4164	351368
非金属矿采选业	322180	310358	55717	11822	11036	2045	320088
开采及其他辅助性活动	495374	479956	144871	15418	14722	1555	492980
制造业	**186195866**	**174750049**	**59350304**	**11445818**	**11140604**	**4763614**	**181158729**
农副食品加工业	3459989	3341297	551743	118691	114013	37506	3420389
食品制造业	1648082	1555982	545660	92100	87774	38399	1608025
酒、饮料和精制茶制造业	677292	631872	230412	45421	43106	13652	663444
烟草制品业	258413	241807	151263	16606	15673	771	256922
纺织业	2462512	2246442	810848	216069	211069	19081	2442342
纺织服装、服饰业	1178195	1143769	370266	34426	32989	8375	1169161
皮革、毛皮、羽毛及其制品和制鞋业	1170428	1142008	337645	28420	27459	4578	1165709
木材加工和木、竹、藤、棕、草制品业	959709	925154	169663	34555	33356	4591	954305
家具制造业	1017965	984207	352644	33758	32738	10561	1007218
造纸和纸制品业	1384317	1304897	379523	79420	78027	10474	1373762
印刷和记录媒介复制业	1117058	1059157	330497	57901	55920	5897	1110216
文教、工美、体育和娱乐用品制造业	1059364	1004253	417414	55111	53166	8818	1049437
石油加工、炼焦和核燃料加工业	1706481	1547684	330649	158797	152908	27838	1678078
化学原料和化学制品制造业	10048609	9328548	2934826	720061	697861	192418	9845359
医药制造业	10488868	9684975	2709052	803893	786486	204905	10243915
化学纤维制造业	1709805	1566146	302359	143659	142225	19783	1689819
橡胶和塑料制品业	5354683	5044782	1485043	309901	301258	35900	5312542
非金属矿物制品业	6287193	5671532	1668128	615661	598199	57045	6226406
黑色金属冶炼和压延加工业	8164445	7770563	1154821	393882	386628	43479	8120019
有色金属冶炼和压延加工业	5051135	4789493	861443	261642	254809	119953	4925902
金属制品业	7574737	7151294	1722845	423443	414063	109800	7460128
通用设备制造业	11905883	11244503	4284931	661380	644734	292595	11580215
专用设备制造业	11500869	10948516	4370120	552354	536235	291165	11200148
汽车制造业	16516513	15828901	5772214	687612	666845	177064	16324090
铁路、船舶、航空航天和其他运输设备制造业	6332286	5946491	1950029	385795	376070	1428544	4885396
电气机械和器材制造业	20984935	19767050	5722182	1217885	1182445	170483	20789828
计算机、通信和其他电子设备制造业	40999337	38038875	17228868	2960462	2885354	1223793	39698812
仪器仪表制造业	3540924	3352665	1829397	188260	184071	101411	3433212
其他制造业	705026	599031	193889	105995	104663	96756	604881
废弃资源综合利用业	701637	666292	85270	35344	33667	4567	695071
金属制品、机械和设备修理业	229176	221862	96664	7315	6793	3414	223980

1-4-2 续表

单位：万元

行业	R&D经费内部支出	日常性支出	#人员劳务费	资产性支出	#仪器和设备	#政府资金	#企业资金
电力、热力、燃气及水生产和供应业	**2762223**	**2499366**	**739553**	**262857**	**251629**	**20123**	**2740770**
电力、热力生产和供应业	2179170	1949042	558305	230129	220973	16808	2161153
燃气生产和供应业	376111	357385	105021	18726	17078	682	375429
水的生产和供应业	206941	192939	76227	14002	13577	2633	204188
建筑业	**8513886**	**8348663**	**3356841**	**165223**	**159848**	**61029**	**8445932**
房屋建筑业	3504470	3475791	1346937	28679	27203	6395	3496037
土木工程建筑业	4119335	3989955	1552852	129380	125979	49538	4064910
建筑安装业	490407	485871	258488	4536	4179	3501	486906
建筑装饰、装修和其他建筑业	399675	397046	198565	2629	2487	1597	398078
交通运输、仓储和邮政业	**584504**	**563192**	**252606**	**21312**	**20991**	**10485**	**573279**
铁路运输业	30204	29335	19359	870	857	91	30113
道路运输业	322800	308033	122029	14767	14670	7864	314783
水上运输业	67992	66934	31900	1058	943	1633	66359
航空运输业	19374	19156	15375	218	218	387	18987
管道运输业	38561	35897	12669	2664	2638	95	38466
多式联运和运输代理业	47727	47499	20241	228	206	177	47550
装卸搬运和仓储业	40397	38948	19317	1450	1401	239	39572
邮政业	17449	17391	11718	58	58		17449
信息传输、软件和信息技术服务业	**19066419**	**17987528**	**13703735**	**1078891**	**1071065**	**268103**	**18744296**
电信、广播电视和卫星传输服务	700477	686170	429509	14307	12742	6473	693367
互联网和相关服务	7301470	6449406	5080114	852063	849809	23730	7276413
软件和信息技术服务业	11064472	10851951	8194112	212521	208514	237901	10774516
租赁和商务服务业	**1247246**	**1204925**	**716595**	**42321**	**38040**	**28889**	**1174961**
租赁业	49364	45884	22312	3481	3135	284	49080
商务服务业	1197882	1159041	694284	38841	34905	28605	1125881
科学研究和技术服务业	**11663448**	**10950657**	**6137235**	**712791**	**698034**	**497066**	**11014307**
研究和试验发展	4797180	4375899	1860892	421281	411944	265236	4415090
专业技术服务业	5513741	5328037	3629745	185705	181366	190959	5306624
科技推广和应用服务业	1352527	1246722	646598	105806	104724	40871	1292593
水利、环境和公共设施管理业	**240271**	**227132**	**98401**	**13139**	**12847**	**7052**	**232904**
水利管理业	11157	11040	8448	116	116	534	10623
生态保护和环境治理业	127585	116451	55938	11133	10885	4509	122970
公共设施管理业	76562	74718	32053	1845	1815	1354	74999
土地管理业	24968	24922	1962	45	31	655	24313
卫生和社会工作	**273766**	**256866**	**137311**	**16900**	**16796**	**2974**	**270009**
卫生	273022	256144	136790	16878	16774	2974	269265
社会工作	744	722	522	22	22		744
文化、体育和娱乐业	**128184**	**126614**	**75624**	**1570**	**1552**	**2123**	**125909**
新闻和出版业	20539	20412	13993	127	122	855	19684
广播、电视、电影和影视录音制作业	79151	77854	44157	1296	1293	1125	77897
文化艺术业	8959	8950	5788	9	6	30	8917
体育	3635	3632	2602	3			3635
娱乐业	15901	15766	9085	134	131	113	15776

1-4-3 各地区全部企业R&D经费内部支出情况

单位：万元

地区	R&D经费内部支出	日常性支出	#人员劳务费	资产性支出	#仪器和设备	#政府资金	#企业资金
全国	**235375617**	**221463395**	**86091147**	**13912222**	**13547995**	**5711289**	**229129522**
东部地区	156924488	148219253	63241728	8705235	8471611	2771955	153710844
中部地区	45408503	42194025	12132665	3214478	3134351	1199159	44173418
西部地区	26628793	24961796	8726993	1666997	1628354	1399020	25189384
东北地区	6413833	6088320	1989761	325513	313679	341155	6055877
北京	12238826	11194367	6462407	1044459	1038970	409055	11757175
天津	4345424	4090193	1467245	255231	251816	51592	4258945
河北	7009799	6797032	1933305	212767	204782	59362	6946734
山西	2295087	2209470	417377	85617	82496	80565	2214214
内蒙古	1810643	1730176	438095	80467	76381	55998	1754641
辽宁	4341026	4121334	1283701	219692	213344	215398	4110757
吉林	1013185	973444	348593	39741	36780	13593	998347
黑龙江	1059622	993542	357467	66079	63556	112164	946773
上海	13232580	12559401	6299979	673178	663903	462655	12640360
江苏	33145676	30787864	11659514	2357813	2306016	362531	32687214
浙江	20356227	19169453	7967445	1186774	1157798	258469	20087688
安徽	9020102	8280142	2713395	739961	719183	259679	8753318
福建	9461636	9019424	3815124	442213	427126	194033	9259430
江西	4615715	4297918	978449	317797	309978	209773	4405135
山东	19244902	18237763	6258360	1007139	975964	290602	18924281
河南	9795466	9097389	2689991	698077	685050	102936	9684692
湖北	9890399	8975784	2816191	914616	894256	257730	9613417
湖南	9791734	9333324	2517263	458410	443388	288476	9502643
广东	37690266	36181956	17324511	1508310	1428438	680127	36953784
广西	1698179	1600835	475090	97344	96099	39342	1657823
海南	199153	181800	53838	17353	16800	3529	195233
重庆	5418460	5138823	1795480	279637	273123	145967	5266156
四川	7192345	6652030	3004816	540314	525021	334147	6846179
贵州	1543610	1471460	514459	72150	70524	110908	1426750
云南	2233740	2080413	489487	153327	151163	48213	2185442
西藏	19788	19590	6821	198	198	132	19656
陕西	4418925	4210669	1472152	208256	205047	578144	3828392
甘肃	771845	634349	199202	137496	136597	38651	732147
青海	193352	192219	67729	1133	1113	1990	191362
宁夏	640394	580412	97291	59982	58426	37952	602442
新疆	687512	650820	166372	36692	34662	7578	678395

1-5-1 分登记注册类型全部企业办研发机构情况

登记注册类型	机构数（个）	机构人员数（人）	#博士	#硕士	机构经费支出（万元）	仪器和设备原价（万元）
合　计	**152581**	**5587436**	**69854**	**651657**	**237505222**	**158223448**
内资企业	**138092**	**4566569**	**59413**	**518238**	**187491115**	**125548091**
国有企业	1096	70566	1694	16383	3204332	4568745
集体企业	96	1943	34	320	79202	142364
股份合作企业	163	3363	23	210	115890	81509
联营企业	26	1067	12	192	50140	19959
有限责任公司	25051	1361797	19899	213458	68986673	50885595
股份有限公司	7657	688610	10851	127382	32101613	18635019
私营企业	103974	2436832	26865	159837	82891052	51072561
其他企业	29	2391	35	456	62215	142339
港、澳、台商投资企业	**7528**	**572105**	**5308**	**73304**	**26040876**	**15796658**
合资经营企业	2272	134972	1379	12603	5993164	4454768
合作经营企业	75	3070	31	248	107984	67722
港、澳、台商独资经营企业	4459	339612	2701	45961	15398270	9151710
港、澳、台商投资股份有限公司	577	86088	1032	13348	4002176	1993381
其他港、澳、台投资企业	145	8363	165	1144	539282	129077
外商投资企业	**6961**	**448762**	**5133**	**60115**	**23973231**	**16878699**
中外合资经营企业	2570	167991	2241	25951	10765963	7323382
中外合作经营企业	56	3451	11	358	140471	129679
外资企业	3860	230420	1936	25905	10553639	7896896
外商投资股份有限公司	388	40594	897	7392	2280864	1357788
其他外商投资企业	87	6306	48	509	232295	170954

1-5-2 分行业全部企业办研发机构情况

行业	机构数（个）	机构人员数（人）	#博士	#硕士	机构经费支出（万元）	仪器和设备原价（万元）
合 计	**152581**	**5587436**	**69854**	**651657**	**237505222**	**158223448**
采矿业	**1014**	**68505**	**1348**	**11468**	**2588216**	**1854548**
煤炭开采和洗选业	300	26070	176	1540	707240	648101
石油和天然气开采业	97	20228	775	7818	905553	436406
黑色金属矿采选业	101	5907	145	500	294660	163341
有色金属矿采选业	147	5735	35	347	235086	226624
非金属矿采选业	327	5488	80	281	210696	179801
开采及其他辅助性活动	40	5069	137	982	234846	200234
制造业	**134633**	**4316474**	**49612**	**405752**	**177468097**	**132798530**
农副食品加工业	3830	60082	1701	5905	2421742	1533353
食品制造业	2461	60130	1193	5692	1901828	2470761
酒、饮料和精制茶制造业	1125	30717	545	2415	915224	953727
烟草制品业	64	4268	290	1435	422498	550395
纺织业	5171	113214	805	3282	2778115	2267921
纺织服装、服饰业	1985	48996	264	1157	951537	546163
皮革、毛皮、羽毛及其制品和制鞋业	1651	40338	188	573	804506	302474
木材加工和木、竹、藤、棕、草制品业	1308	18794	227	713	583775	364887
家具制造业	1771	45563	162	1003	1050025	488593
造纸和纸制品业	1743	45392	303	1054	1937579	1591856
印刷和记录媒介复制业	1742	37547	289	1096	954926	1161774
文教、工美、体育和娱乐用品制造业	2665	59522	395	1685	1263948	723430
石油加工、炼焦和核燃料加工业	516	23212	388	2586	1904747	1741281
化学原料和化学制品制造业	9043	228035	4604	22674	11698710	9674339
医药制造业	4581	196809	5573	37978	10523796	7135882
化学纤维制造业	837	32721	306	1310	1420311	1993416
橡胶和塑料制品业	7910	168492	1397	6471	4948907	7591118
非金属矿物制品业	8338	180563	1896	8505	6529279	7861460
黑色金属冶炼和压延加工业	1287	73797	1144	5098	8434652	5477163
有色金属冶炼和压延加工业	2509	74278	1112	4724	4672277	3771368
金属制品业	9546	205208	1750	8121	6293866	4880422
通用设备制造业	12956	336595	3196	27228	10517412	9150365
专用设备制造业	10880	314124	4229	35643	10201122	6158526
汽车制造业	6320	341389	3003	42495	18812156	11702415
铁路、船舶、航空航天和其他运输设备制造业	2124	118666	1222	22103	4394009	5304677
电气机械和器材制造业	14185	490417	4790	41197	21026486	10964103
计算机、通信和其他电子设备制造业	13414	813048	6778	96936	35277969	22787099
仪器仪表制造业	3300	120258	1454	13190	3485376	1995993
其他制造业	633	17964	193	2042	540107	1056352
废弃资源综合利用业	615	10403	195	733	655134	392843
金属制品、机械和设备修理业	123	5932	20	708	146080	204374

1-5-2 续表

行业	机构数（个）	机构人员数（人）	#博士	#硕士	机构经费支出（万元）	仪器和设备原价（万元）
电力、热力、燃气及水生产和供应业	**1189**	**33904**	**805**	**5231**	**1557029**	**4104977**
电力、热力生产和供应业	717	22022	646	4033	1135542	3587623
燃气生产和供应业	205	6171	77	448	265602	355024
水的生产和供应业	267	5711	82	750	155885	162331
建筑业	**3088**	**261571**	**2455**	**21160**	**15494726**	**4477276**
房屋建筑业	1170	112361	1311	7975	7003512	1212890
土木工程建筑业	1324	112310	953	10569	6956702	2944672
建筑安装业	273	17138	106	1577	760768	185909
建筑装饰、装修和其他建筑业	321	19762	85	1039	773744	133805
交通运输、仓储和邮政业	**356**	**14664**	**96**	**1127**	**461052**	**551993**
铁路运输业	8	2093	2	171	41336	12149
道路运输业	164	6481	67	624	236096	166437
水上运输业	28	1198	4	103	36871	223927
航空运输业	6	203	3	35	8970	4346
管道运输业	8	202	2	38	9836	2982
多式联运和运输代理业	80	2746	16	101	88202	13583
装卸搬运和仓储业	56	1577	2	48	33167	125858
邮政业	6	164		7	6575	2711
信息传输、软件和信息技术服务业	**5997**	**605371**	**5959**	**126027**	**28064096**	**8018805**
电信、广播电视和卫星传输服务	172	12408	330	3159	605853	285469
互联网和相关服务	777	104610	1227	31099	7783863	2630323
软件和信息技术服务业	5048	488353	4402	91769	19674379	5103013
租赁和商务服务业	**539**	**21108**	**514**	**4363**	**1096468**	**315101**
租赁业	62	1546	6	105	39803	21201
商务服务业	477	19562	508	4258	1056664	293900
科学研究和技术服务业	**5019**	**244608**	**8563**	**73267**	**10246364**	**5689026**
研究和试验发展	960	63138	3997	22273	5201305	2875178
专业技术服务业	3521	160541	3729	44877	4241891	2295397
科技推广和应用服务业	538	20929	837	6117	803169	518451
水利、环境和公共设施管理业	**328**	**8359**	**168**	**1213**	**205374**	**178257**
水利管理业	10	256	5	63	3633	1297
生态保护和环境治理业	195	4596	119	952	137162	136530
公共设施管理业	113	3363	32	185	52418	33209
土地管理业	10	144	12	13	12163	7221
卫生和社会工作	**241**	**7757**	**253**	**1222**	**178232**	**148456**
卫生	238	7725	252	1218	177805	148433
社会工作	3	32	1	4	426	23
文化、体育和娱乐业	**130**	**3789**	**36**	**555**	**100393**	**51148**
新闻和出版业	23	1198	20	350	25318	13695
广播、电视、电影和影视录音制作业	43	1570	1	131	46338	27720
文化艺术业	26	316	5	17	5717	1640
体育	9	172	1	20	6208	233
娱乐业	29	533	9	37	16812	7861

1-5-3 各地区全部企业办研发机构情况

地　区	机构数 (个)	机构人员数 (人)			机构经费支出 (万元)	仪器和设备原价 (万元)
			#博士	#硕士		
全　国	**152581**	**5587436**	**69854**	**651657**	**237505222**	**158223448**
东部地区	109482	4091929	46901	456362	174168746	102350456
中部地区	32151	942377	13964	105486	37923041	30432226
西部地区	9642	470037	7667	73338	21424604	21862349
东北地区	1306	83093	1322	16471	3988831	3578417
北　京	1233	192705	4911	49124	10980208	4444717
天　津	831	62107	1311	12762	2735421	2257511
河　北	5335	155254	1561	14627	7370303	5162328
山　西	1597	78102	643	6415	2746118	4200453
内蒙古	329	19073	208	2190	1378256	1207432
辽　宁	820	45151	558	8306	1775004	1664616
吉　林	212	20024	399	5003	1438330	1046943
黑龙江	274	17918	365	3162	775497	866858
上　海	1391	153232	4062	43455	11390547	6558318
江　苏	21147	648107	9441	76679	28109233	21300268
浙　江	27028	861216	6523	63694	33587100	16833222
安　徽	8918	218658	3057	22567	9313899	7069872
福　建	2707	153624	1145	10882	5761159	3037032
江　西	6121	149163	1361	8007	6131766	4052364
山　东	11940	389488	6032	47404	17173658	14041831
河　南	5282	161323	2215	18188	5542974	5522062
湖　北	6274	198330	4121	28685	8686614	6139478
湖　南	3959	136801	2567	21624	5501670	3447998
广　东	37762	1471130	11866	137353	56759249	28515272
广　西	930	40240	396	3186	1543254	2093098
海　南	108	5066	49	382	301869	199956
重　庆	2763	102628	1300	12254	4860595	6838172
四　川	2491	142791	2953	25016	5775986	3804947
贵　州	548	31266	306	4285	1793871	1210308
云　南	712	28460	378	2768	1273155	1119415
西　藏	11	316	5	40	5796	5942
陕　西	879	62914	1256	17558	2860073	3030381
甘　肃	347	13549	260	2104	328648	1234000
青　海	44	2423	40	343	89818	127748
宁　夏	336	12121	278	902	624223	513479
新　疆	252	14256	287	2692	890929	677426

1−6−1　分登记注册类型全部企业自主知识产权及相关情况

单位：件

行　业	专　利申请数	#发明专利	有效发明专利数
合　计	**1948559**	**803295**	**2591095**
内资企业	**1701120**	**689527**	**2204907**
国有企业	44089	26257	55421
集体企业	1463	415	1651
股份合作企业	977	217	1214
联营企业	4075	3426	4594
有限责任公司	562624	279738	793442
股份有限公司	230315	125504	426587
私营企业	856803	253628	921209
其他企业	774	342	789
港、澳、台商投资企业	**130492**	**65698**	**202547**
合资经营企业	35500	14220	49864
合作经营企业	631	131	766
港、澳、台商独资经营企业	71481	41085	125347
港、澳、台商投资股份有限公司	20059	9026	24492
其他港、澳、台投资企业	2821	1236	2078
外商投资企业	**116947**	**48070**	**183641**
中外合资经营企业	45534	18862	67683
中外合作经营企业	714	196	850
外资企业	51505	21372	91722
外商投资股份有限公司	16985	6745	21404
其他外商投资企业	2209	895	1982

1-6-2 分行业全部企业自主知识产权及相关情况

单位：件

行 业	专 利 申请数	#发明专利	有效发明 专 利 数
合 计	**1948559**	**803295**	**2591095**
采矿业	**16840**	**7968**	**18838**
煤炭开采和洗选业	5966	1843	2897
石油和天然气开采业	4582	3369	6705
黑色金属矿采选业	1434	658	2619
有色金属矿采选业	1645	439	1676
非金属矿采选业	1379	335	1310
开采及其他辅助性活动	1828	1319	3610
制造业	**1443409**	**518561**	**1910893**
农副食品加工业	17421	4318	18895
食品制造业	14856	4849	20724
酒、饮料和精制茶制造业	6572	1425	6523
烟草制品业	7671	2686	9705
纺织业	20981	4783	19539
纺织服装、服饰业	8193	1564	6251
皮革、毛皮、羽毛及其制品和制鞋业	8095	1097	4928
木材加工和木、竹、藤、棕、草制品业	5805	1305	5288
家具制造业	17385	2392	9246
造纸和纸制品业	10597	2127	11227
印刷和记录媒介复制业	11074	2250	11528
文教、工美、体育和娱乐用品制造业	19283	2886	13705
石油加工、炼焦和核燃料加工业	5102	1754	7770
化学原料和化学制品制造业	63393	25305	102588
医药制造业	33128	16058	74357
化学纤维制造业	4726	1393	6610
橡胶和塑料制品业	52705	11994	53000
非金属矿物制品业	59760	15089	60576
黑色金属冶炼和压延加工业	25188	10028	28595
有色金属冶炼和压延加工业	24027	7695	26968
金属制品业	68451	14993	69840
通用设备制造业	133815	37231	150683
专用设备制造业	139394	43058	169109
汽车制造业	98287	36352	91011
铁路、船舶、航空航天和其他运输设备制造业	38794	17027	57941
电气机械和器材制造业	217105	72857	228830
计算机、通信和其他电子设备制造业	273381	155654	580723
仪器仪表制造业	45198	16150	50747
其他制造业	6729	2280	7523
废弃资源综合利用业	4320	1415	4315
金属制品、机械和设备修理业	1973	546	2148

1-6-2 续表

单位：件

行 业	专 利 申请数	#发明专利	有效发明 专 利 数
电力、热力、燃气及水生产和供应业	**47047**	**28086**	**51367**
电力、热力生产和供应业	43530	27186	48752
燃气生产和供应业	1387	282	759
水的生产和供应业	2130	618	1856
建筑业	**96477**	**28783**	**60713**
房屋建筑业	42802	12218	21342
土木工程建筑业	41174	13263	29204
建筑安装业	5445	1496	4637
建筑装饰、装修和其他建筑业	7056	1806	5530
交通运输、仓储和邮政业	**6461**	**2425**	**5304**
铁路运输业	786	225	476
道路运输业	2722	1178	2150
水上运输业	947	275	601
航空运输业	194	63	356
管道运输业	625	351	720
多式联运和运输代理业	408	115	281
装卸搬运和仓储业	682	177	619
邮政业	97	41	101
信息传输、软件和信息技术服务业	**174354**	**134590**	**311868**
电信、广播电视和卫星传输服务	11179	9900	19887
互联网和相关服务	33466	28374	78524
软件和信息技术服务业	129709	96316	213457
租赁和商务服务业	**20748**	**13640**	**52259**
租赁业	838	204	873
商务服务业	19910	13436	51386
科学研究和技术服务业	**134527**	**66337**	**171147**
研究和试验发展	48030	31261	69373
专业技术服务业	69662	26467	78670
科技推广和应用服务业	16835	8609	23104
水利、环境和公共设施管理业	**4876**	**1479**	**5078**
水利管理业	274	116	200
生态保护和环境治理业	2913	946	3534
公共设施管理业	1667	410	1336
土地管理业	22	7	8
卫生和社会工作	**2165**	**735**	**1877**
卫生	2134	735	1867
社会工作	31		10
文化、体育和娱乐业	**1448**	**591**	**1047**
新闻和出版业	125	70	153
广播、电视、电影和影视录音制作业	755	348	472
文化艺术业	164	56	132
体育	74	30	35
娱乐业	330	87	255

1-6-3 各地区全部企业自主知识产权及相关情况

单位：件

地 区	专 利 申请数	#发明专利	有效发明 专 利 数
全 国	**1948559**	**803295**	**2591095**
东部地区	1388303	585547	1935120
中部地区	324163	121535	368655
西部地区	189314	76399	221719
东北地区	46779	19814	65601
北 京	162885	108722	302249
天 津	27406	9925	38894
河 北	38525	12570	44428
山 西	13827	4784	15558
内 蒙 古	10087	3611	8716
辽 宁	25216	8845	43468
吉 林	13851	7573	10091
黑 龙 江	7712	3396	12042
上 海	78053	40974	132031
江 苏	245344	87453	336583
浙 江	199262	59868	174337
安 徽	92415	37964	101708
福 建	64072	21153	62222
江 西	34885	10469	26817
山 东	144532	52375	152781
河 南	55000	14238	56549
湖 北	75990	32886	101365
湖 南	52046	21194	66658
广 东	425908	191435	688195
广 西	13509	5296	14170
海 南	2316	1072	3400
重 庆	32900	14410	34428
四 川	54397	22481	73741
贵 州	13274	6374	14537
云 南	13688	4158	16236
西 藏	140	58	362
陕 西	29586	12609	38369
甘 肃	7225	2175	6478
青 海	1863	749	2086
宁 夏	5083	1613	4352
新 疆	7562	2865	8244

1-7-1 分登记注册类型全部企业政府相关政策落实情况

单位：万元

登记注册类型	研究开发费用加计扣除减免税	高新技术企业减免税
合　计	**39789454**	**31143870**
内资企业	**31720053**	**22163491**
国有企业	435340	363921
集体企业	7621	1957
股份合作企业	22496	44860
联营企业	6845	4370
有限责任公司	11674133	8425538
股份有限公司	4745711	4081936
私营企业	14819181	9237213
其他企业	8728	3697
港、澳、台商投资企业	**4507454**	**5200374**
合资经营企业	937429	894416
合作经营企业	17372	27814
港、澳、台商独资经营企业	2938239	2790291
港、澳、台商投资股份有限公司	505977	363257
其他港、澳、台投资企业	108436	1124597
外商投资企业	**3561947**	**3780005**
中外合资经营企业	1546237	1893724
中外合作经营企业	24351	18112
外资企业	1582161	1573428
外商投资股份有限公司	307069	286141
其他外商投资企业	102130	8601

1-7-2 分行业全部企业政府相关政策落实情况

单位：万元

行　业	研究开发费用加计扣除减免税	高新技术企业减免税
合　计	**39789454**	**31143870**
采矿业	**573457**	**731185**
煤炭开采和洗选业	240011	263092
石油和天然气开采业	161933	45249
黑色金属矿采选业	46113	187537
有色金属矿采选业	49942	161829
非金属矿采选业	42545	57373
开采及其他辅助性活动	32838	15686
制造业	**29096465**	**22831640**
农副食品加工业	348798	143288
食品制造业	325905	328960
酒、饮料和精制茶制造业	142004	66672
烟草制品业	6686	10331
纺织业	393795	210310
纺织服装、服饰业	147597	64919
皮革、毛皮、羽毛及其制品和制鞋业	114157	43532
木材加工和木、竹、藤、棕、草制品业	102315	40766
家具制造业	176575	150834
造纸和纸制品业	279318	205252
印刷和记录媒介复制业	173049	127813
文教、工美、体育和娱乐用品制造业	213142	107447
石油加工、炼焦和核燃料加工业	183903	117251
化学原料和化学制品制造业	1909818	2723896
医药制造业	1930478	3476818
化学纤维制造业	161214	115787
橡胶和塑料制品业	803242	577413
非金属矿物制品业	1150765	1038710
黑色金属冶炼和压延加工业	993229	698236
有色金属冶炼和压延加工业	679788	642201
金属制品业	974599	617582
通用设备制造业	1889383	1490373
专用设备制造业	2039976	1674284
汽车制造业	2146847	1680779
铁路、船舶、航空航天和其他运输设备制造业	700436	449411
电气机械和器材制造业	2918381	2508045
计算机、通信和其他电子设备制造业	7240619	2881326
仪器仪表制造业	722672	489406
其他制造业	105858	56821
废弃资源综合利用业	81373	67281
金属制品、机械和设备修理业	40542	25897

1-7-2 续表

单位：万元

行　　业	研究开发费用 加计扣除减免税	高新技术 企业减免税
电力、热力、燃气及水生产和供应业	**272807**	**267245**
电力、热力生产和供应业	207288	150364
燃气生产和供应业	36113	81024
水的生产和供应业	29406	35856
建筑业	**1358341**	**1487339**
房屋建筑业	494478	738785
土木工程建筑业	659148	564517
建筑安装业	99621	104235
建筑装饰、装修和其他建筑业	105094	79802
交通运输、仓储和邮政业	**142157**	**94609**
铁路运输业	12948	5328
道路运输业	58389	53341
水上运输业	11341	12855
航空运输业	14520	1574
管道运输业	6942	2792
装卸搬运和运输代理业	18706	5056
仓储业	12425	13665
邮政业	6886	
信息传输、软件和信息技术服务业	**6524213**	**4103594**
电信、广播电视和卫星传输服务	128724	58182
互联网和相关服务	1724030	1770854
软件和信息技术服务业	4671459	2274559
租赁和商务服务业	**285399**	**118289**
租赁业	9592	13644
商务服务业	275807	104645
科学研究和技术服务业	**1373374**	**1363945**
研究和试验发展	345468	269214
专业技术服务业	870836	989682
科技推广和应用服务业	157070	105049
水利、环境和公共设施管理业	**60527**	**43595**
水利管理业	2455	2636
生态保护和环境治理业	36360	29294
公共设施管理业	20969	11585
土地管理业	744	80
卫生和社会工作	**67353**	**57762**
卫生	65776	57758
社会工作	1577	4
文化、体育和娱乐业	**25663**	**42563**
新闻和出版业	5394	2482
广播、电视、电影和影视录音制作业	11621	35386
文化艺术业	3353	1873
体育	1414	454
娱乐业	3881	2368

1-7-3　各地区全部企业政府相关政策落实情况

单位：万元

地　区	研究开发费用 加计扣除减免税	高新技术 企业减免税
全　国	**39789454**	**31143870**
东部地区	28511061	22773553
中部地区	6994985	4881972
西部地区	3376211	2323050
东北地区	907197	1165294
北　京	3210119	3145702
天　津	569738	442680
河　北	738182	908342
山　西	470976	301875
内蒙古	184449	331807
辽　宁	482944	512826
吉　林	246733	525793
黑龙江	177520	126676
上　海	2393320	1956487
江　苏	4421216	4026780
浙　江	4510068	4227018
安　徽	1552202	1054852
福　建	854103	762628
江　西	861447	756020
山　东	2289040	2199597
河　南	1101242	670135
湖　北	1352648	999466
湖　南	1656470	1099624
广　东	9424180	5048752
广　西	390554	190497
海　南	101095	55566
重　庆	417150	141055
四　川	984102	399621
贵　州	145487	92938
云　南	191527	179487
西　藏	2582	1535
陕　西	564975	396989
甘　肃	129867	92642
青　海	84305	116678
宁　夏	91587	44541
新　疆	189627	335261

第二部分

工业企业研发活动情况

工业企业 R&D 及相关活动主要指标

（2022）

2-1-1 工业企业R&D及相关活动主要指标

主 要 指 标	单位	2016	2017	2018	2019	2020	2021	2022
企业基本情况								
#有R&D活动的企业	个	86891	102218	104820	129198	146691	169224	175619
#有研发机构的企业	个	61765	70636	72607	85274	94072	108667	124303
#有新产品销售的企业	个	75879	83978	94112	111755	127538	149434	163860
R&D人员情况								
R&D人员	人	3867344	4045058	4261170	4440550	4767501	5559580	5988158
#女性	人	858521	902163	951481	972400	1057078	1234522	1337605
#研究人员	人	1283434	1287710	1324445	1367520	1444084	1575230	1665395
#全时人员	人	2772887	2983752	3175714	3298291	3544185	3932866	4190117
R&D人员折合全时当量	人年	2702489	2736244	2981234	3151828	3460409	3826651	4214666
R&D经费情况								
R&D经费内部支出	万元	109446586	120129589	129548264	139710989	152712905	175142461	193617617
按支出用途分								
1.日常性支出	万元	97485612	107621174	117124226	129186676	141217920	163843613	181757544
#人员劳务费	万元	32773937	35533459	38752693	41311298	48521062	52384243	61598684
2.资产性支出	万元	11960974	12508414	12424037	10524314	11494985	11298849	11860073
#仪器和设备	万元	11714975	12281173	12175462	10203169	11220043	10951182	11528822
按资金来源分								
政府资金	万元	4037843	4101098	4232715	5747869	4189938	5114596	4828868
企业资金	万元	104052729	114818640	123893527	133942131	147914094	169672996	188512489
境外资金	万元	410525	358174	456015	12807	393306	227292	148973
其他资金	万元	945488	851676	966007	8182	215566	127577	127287
R&D经费外部支出	万元	6049317	6984338	8699801	8930340	10084884	12832845	13939063
#对境内研究机构支出	万元	2849635	2725692	3384804	3138621	3452161	4099679	3614094
对境内高等学校支出	万元	702654	700412	643805	603636	621689	731866	824108
对境外支出	万元	842898	1100000	1200642	1212109	1435326	1537739	1445722

2-1-1 续表

主要指标	单位	2016	2017	2018	2019	2020	2021	2022
企业办研发机构情况								
机构数	个	72963	82667	83115	95459	105094	120367	136836
机构人员数	人	2923953	3254179	3182794	3416317	3713270	4124619	4418883
#博士	人	48187	50889	44514	44883	45717	52493	51765
硕士	人	363528	393077	379066	384961	413862	458270	422451
机构经费支出	万元	76644847	89554910	103212643	121754828	135835614	168789717	181613342
仪器和设备原价	万元	73564754	88837085	80478382	94245107	98513503	116100701	138758055
新产品开发及销售情况								
新产品开发项目数	项	391872	477861	558305	671799	788125	958709	1093975
新产品开发经费支出	万元	117662658	134978371	149872196	169857185	186237781	226528583	255399644
新产品销售收入	万元	1746041534	1915686889	1970940694	2120602638	2380736642	2955666961	3279829736
#新产品出口	万元	327130958	349447537	361608191	392692888	438532723	524170891	558597692
自主知识产权及相关情况								
专利申请数	件	715397	817037	957298	1059808	1243927	1403611	1507296
#发明专利	件	286987	320626	371569	398802	446069	494589	554615
有效发明专利数	件	769847	933990	1094200	1218074	1447950	1691909	1981098
拥有注册商标数	件	514129	566456	691945	823113	973541	1166458	1370318
形成国家或行业标准数	项	23345	24418	22533	26932	29297	34906	54080
政府相关政策落实情况								
研究开发费用加计扣除减免税	万元	4890887	5699008	8814578	13996916	17134089	20916773	29942729
高新技术企业减免税	万元	8427850	10622729	12250169	14237952	16398229	25039496	23830069
技术获取和技术改造情况								
引进技术经费支出	万元	4754183	3993153	4652681	4766901	4599504	5077563	3562810
消化吸收经费支出	万元	1092479	1185389	910077	967692	755939	808990	857651
购买境内技术经费支出	万元	2080023	2008696	4401696	5374093	4567145	4642926	5999920
技术改造经费支出	万元	30166061	31033792	32334113	37401531	35166780	38442352	39683844

2-1-2 大型工业企业R&D及相关活动主要指标

主要指标	单位	2016	2017	2018	2019	2020	2021	2022
企业基本情况								
#有R&D活动的企业	个	6017	6261	5646	5607	5798	6345	6194
#有研发机构的企业	个	4987	5118	4515	4339	4404	4717	4610
#有新产品销售的企业	个	5205	5263	5054	4980	5085	5465	5286
R&D人员情况								
R&D人员	人	1736882	1726881	1757080	1631071	1682971	1959900	2150885
#女性	人	383545	382412	384653	346088	360099	421727	467647
#研究人员	人	644943	624325	634499	597336	605643	671618	724565
#全时人员	人	1236114	1258937	1290237	1196001	1227881	1412089	1540372
R&D人员折合全时当量	人年	1248039	1200498	1242826	1174900	1251259	1379830	1549675
R&D经费情况								
R&D经费内部支出	万元	57189085	61717921	65935256	67378656	71636955	82584747	90816575
按支出用途分								
1.日常性支出	万元	51973150	56239678	59897167	62078515	66441582	77011640	84961041
#人员劳务费	万元	18312506	19473953	21385892	21703732	24136029	26622969	31057247
2.资产性支出	万元	5215935	5478243	6038089	5300141	5195373	5573107	5855534
#仪器和设备	万元	5085960	5353386	5913139	5153631	5069011	5419224	5687179
按资金来源分								
政府资金	万元	2550234	2536235	2290353	3961018	2765580	3431377	3226864
企业资金	万元	54049190	58638577	62839365	63405204	68553672	78987518	87447012
境外资金	万元	240440	229711	297828	9338	197564	102754	67812
其他资金	万元	349221	313398	507709	3097	120139	63098	74887
R&D经费外部支出	万元	4333355	5033217	6236769	6166458	6761107	8778195	9889916
#对境内研究机构支出	万元	2105099	2029103	2760469	2451806	2642685	3163501	2877016
对境内高等学校支出	万元	401077	385059	378114	320064	325830	396684	460443
对境外支出	万元	683293	880091	879476	915184	1080277	1131491	1130250

2-1-2 续表

主要指标	单位	2016	2017	2018	2019	2020	2021	2022
企业办研发机构情况								
机构数	个	8753	9098	7884	7368	7466	7909	7907
机构人员数	人	1386211	1463753	1373096	1387801	1448546	1581268	1565171
#博士	人	20652	22013	20315	19569	20807	22840	18680
硕士	人	237012	255872	252229	248640	271078	291498	237789
机构经费支出	万元	45175309	51386158	58328520	68092110	73172184	87741923	87322154
仪器和设备原价	万元	34366980	43771868	38495316	39095016	41288597	47543931	57970764
新产品开发及销售情况								
新产品开发项目数	项	87495	94581	96795	101093	109358	125384	136386
新产品开发经费支出	万元	61448884	69246541	75071671	81270224	86978737	102305264	114975574
新产品销售收入	万元	1103157149	1190309442	1164840565	1184362707	1284614231	1533426481	1648954903
#新产品出口	万元	246132136	254236347	255928519	263879813	301046898	353458445	372416880
自主知识产权及相关情况								
专利申请数	件	270562	313051	345999	355360	398799	441341	481220
#发明专利	件	129868	156561	172375	191078	210081	237721	269813
有效发明专利数	件	355272	426799	462967	518778	601184	725160	822574
拥有注册商标数	件	256622	263050	291165	327954	362523	421613	487291
形成国家或行业标准数	项	8805	8998	7919	10238	9883	11837	11982
政府相关政策落实情况								
研究开发费用加计扣除减免税	万元	2727675	2615269	4230794	6307225	7207744	8886072	13036803
高新技术企业减免税	万元	4533068	5743543	6677330	7334495	7665115	14422833	11644592
技术获取和技术改造情况								
引进技术经费支出	万元	4172277	3295071	4138157	4264010	4055245	4641255	3153292
消化吸收经费支出	万元	932581	1059449	816043	886451	628134	696701	806511
购买境内技术经费支出	万元	1659837	1545391	3537849	4656270	3440785	3352816	3624986
技术改造经费支出	万元	21384136	21419776	22953957	27914272	25084801	26527690	27484466

2-1-3 中型工业企业R&D及相关活动主要指标

主 要 指 标	单位	2016	2017	2018	2019	2020	2021	2022
企业基本情况								
#有R&D活动的企业	个	20452	22239	20099	20886	21993	23448	23329
#有研发机构的企业	个	15760	16987	15124	14806	15498	16332	16706
#有新产品销售的企业	个	17423	18461	18112	18619	19531	20771	20735
R&D人员情况								
R&D人员	人	1034151	1078761	1110880	1161084	1234883	1412321	1531395
#女性	人	238028	248248	260168	267605	288099	328889	354886
#研究人员	人	313038	311594	312056	329495	354816	378055	395578
#全时人员	人	746302	802440	830950	858012	910486	986581	1049756
R&D人员折合全时当量	人年	716402	730921	773639	821271	894699	972653	1071060
R&D经费情况								
R&D经费内部支出	万元	25705547	28043954	29491692	32590648	36085738	40233579	44869385
按支出用途分								
1. 日常性支出	万元	22664630	24944282	26659452	30146979	33020415	37566536	42080787
#人员劳务费	万元	7462723	8085716	8600805	9556880	11264583	11982548	14210237
2. 资产性支出	万元	3040917	3099672	2832240	2443668	3065323	2667043	2788598
#仪器和设备	万元	2986792	3052711	2779710	2367131	3003649	2582209	2715666
按资金来源分								
政府资金	万元	788273	754053	877303	959847	731327	895781	865052
企业资金	万元	24511282	26957252	28308869	31625930	35172297	39226787	43927062
境外资金	万元	114140	77322	95725	1580	143630	83550	55617
其他资金	万元	291852	255327	209795	3291	38484	27462	21654
R&D经费外部支出	万元	1003858	1088026	1310508	1529367	1933794	2343016	2191549
#对境内研究机构支出	万元	482483	429976	383128	404107	490235	623114	420580
对境内高等学校支出	万元	132785	115028	100445	104736	122018	139731	149183
对境外支出	万元	96257	160731	199490	180842	243727	270871	177956

2-1-3 续表

主 要 指 标	单位	2016	2017	2018	2019	2020	2021	2022
企业办研发机构情况								
机构数	个	19450	20879	18516	18171	19048	19963	20708
机构人员数	人	795306	899197	849941	894362	982125	1071318	1154227
#博士	人	11716	12199	9764	9985	9946	10743	11615
硕士	人	65968	73048	64449	68466	74807	81912	89289
机构经费支出	万元	16904994	20028541	22076921	25368832	29307742	36762819	42621946
仪器和设备原价	万元	23819081	23911706	21795886	27278048	25260327	29030727	35141455
新产品开发及销售情况								
新产品开发项目数	项	108252	127867	136501	151965	171443	197096	214038
新产品开发经费支出	万元	27588734	31393976	33673328	39054557	42460714	51513284	58072785
新产品销售收入	万元	370206403	409260055	426325589	476535887	546962019	689085165	777844377
#新产品出口	万元	53394555	63368543	67515546	77385250	80995006	101638618	107954385
自主知识产权及相关情况								
专利申请数	件	167860	183209	195150	218956	250818	265938	286139
#发明专利	件	58816	61815	69479	76676	86005	88646	102453
有效发明专利数	件	172734	205928	229321	241693	278673	294054	349269
拥有注册商标数	件	131482	153505	180714	209966	253134	284662	331611
形成国家或行业标准数	项	6947	7432	6864	7539	8754	10119	20135
政府相关政策落实情况								
研究开发费用加计扣除减免税	万元	1175142	1619268	2267609	3761724	4355167	5214377	7183621
高新技术企业减免税	万元	2470159	3090916	3432369	4143238	5063874	6040940	6805040
技术获取和技术改造情况								
引进技术经费支出	万元	391793	407226	358879	360993	374607	309699	312444
消化吸收经费支出	万元	115313	88932	54750	61984	42960	92806	46313
购买境内技术经费支出	万元	216203	275333	569065	432863	668042	653216	2052723
技术改造经费支出	万元	4835802	5631711	5427373	5335797	5754538	6795947	7155921

2-1-4 小微型工业企业R&D及相关活动主要指标

主要指标	单位	2016	2017	2018	2019	2020	2021	2022
企业基本情况								
#有R&D活动的企业	个	60422	73718	79075	102705	118900	139431	146096
#有研发机构的企业	个	41018	48531	52968	66129	74170	87618	102987
#有新产品销售的企业	个	53251	60254	70946	88156	102922	123198	137839
R&D人员情况								
R&D人员	人	1096311	1239416	1393210	1648395	1849647	2187359	2305878
#女性	人	236948	271503	306660	358707	408880	483906	515072
#研究人员	人	325453	351791	377890	440689	483625	525557	545252
#全时人员	人	790471	922375	1054527	1244278	1405818	1534196	1599989
R&D人员折合全时当量	人年	738048	804825	964769	1155657	1314451	1474168	1593931
R&D经费情况								
R&D经费内部支出	万元	26551954	30367714	34121316	39741686	44990212	52324136	57931657
按支出用途分								
1.日常性支出	万元	22847832	26437214	30567608	36961182	41755923	49265436	54715716
#人员劳务费	万元	6998707	7973790	8765997	10050687	13120449	13778726	16331200
2.资产性支出	万元	3704122	3930499	3553709	2780504	3234289	3058699	3215941
#仪器和设备	万元	3642223	3875076	3482614	2682407	3147383	2949749	3125976
按资金来源分								
政府资金	万元	699336	810810	1065060	827005	693031	787439	736952
企业资金	万元	25492258	29222811	32745293	38910997	44188125	51458691	57138416
境外资金	万元	55945	51142	62461	1890	52113	40988	25543
其他资金	万元	304415	282951	248503	1795	56943	37018	30746
R&D经费外部支出	万元	712105	863095	1152524	1234515	1389983	1711634	1857598
#对境内研究机构支出	万元	262052	266613	241207	282708	319241	313064	316499
对境内高等学校支出	万元	168792	200325	165246	178836	173840	195450	214482
对境外支出	万元	63349	59179	121676	116083	111322	135377	137516

2-1-4 续表

主要指标	单位	2016	2017	2018	2019	2020	2021	2022
企业办研发机构情况								
机构数	个	44760	52690	56715	69920	78580	92495	108221
机构人员数	人	742436	891229	959757	1134154	1282599	1472033	1699485
#博士	人	15819	16677	14435	15329	14964	18910	21470
硕士	人	60548	64157	62388	67855	67977	84860	95373
机构经费支出	万元	14564544	18140211	22807203	28293886	33355688	44284975	51669242
仪器和设备原价	万元	15378693	21153511	20187179	27872043	31964580	39526043	45645836
新产品开发及销售情况								
新产品开发项目数	项	196125	255413	325009	418741	507324	636229	743551
新产品开发经费支出	万元	28625041	34337854	41127197	49532404	56798331	72710035	82351285
新产品销售收入	万元	272677982	316117392	379774540	459704043	549160393	733155315	853030455
#新产品出口	万元	27604268	31842647	38164126	51427825	56490819	69073829	78226427
自主知识产权及相关情况								
专利申请数	件	276975	320777	416149	485492	594310	696332	739937
#发明专利	件	98303	102250	129715	131048	149983	168222	182349
有效发明专利数	件	241841	301263	401912	457603	568093	672695	809255
拥有注册商标数	件	126025	149901	220066	285193	357884	460183	551416
形成国家或行业标准数	项	7593	7988	7750	9155	10660	12950	21963
政府相关政策落实情况								
研究开发费用加计扣除减免税	万元	988070	1464471	2316176	3927967	5571178	6816323	9722304
高新技术企业减免税	万元	1424623	1788269	2140470	2760218	3669240	4575723	5380437
技术获取和技术改造情况								
引进技术经费支出	万元	190114	290857	155645	141898	169651	126610	97074
消化吸收经费支出	万元	44585	37009	39283	19257	84845	19484	4827
购买境内技术经费支出	万元	203984	187973	294782	284960	458317	636894	322211
技术改造经费支出	万元	3946123	3982306	3952783	4151462	4327441	5118715	5043457

2-1-5 分登记注册类型国有及国有控股工业企业R&D及相关活动主要指标

主 要 指 标	单位	2016	2017	2018	2019	2020	2021	2022
企业基本情况								
#有R&D活动的企业	个	5989	6472	6122	6900	7907	8876	9494
#有研发机构的企业	个	3727	3968	3703	4009	4524	5062	5648
#有新产品销售的企业	个	4533	4786	4880	5480	5886	6560	6985
R&D人员情况								
R&D人员	人	971703	948206	878991	815869	818382	940945	1040991
#女性	人	207699	199616	180322	160359	161016	181355	201343
#研究人员	人	399204	390519	363535	350329	351296	385021	415053
#全时人员	人	643547	652460	607102	565249	553456	615577	671412
R&D人员折合全时当量	人年	669753	636281	583220	550286	560415	602300	681828
R&D经费情况								
R&D经费内部支出	万元	28638230	30818356	32036466	32694531	34621721	40448718	43923480
按支出用途分								
1.日常性支出	万元	26183458	28051010	29413488	30598262	32267741	36983907	40792342
#人员劳务费	万元	8811163	9121481	9925721	9864130	10581619	11621338	13614759
2.资产性支出	万元	2454772	2767346	2622978	2096269	2353980	3464811	3131138
#仪器和设备	万元	2384035	2691961	2554728	2024442	2288923	3376213	3049948
按资金来源分								
政府资金	万元	2202470	2251823	2229220	2850488	2443200	2725527	2933695
企业资金	万元	26141093	28225360	29394235	29837761	32030793	37651684	40935780
境外资金	万元	68313	78103	112199	3078	74052	34188	13321
其他资金	万元	226354	263070	300812	3204	73676	37319	40684
R&D经费外部支出	万元	2232989	2791660	3098091	3128428	3357038	4058381	4333755
#对境内研究机构支出	万元	754446	797422	799567	658467	755865	970620	850058
对境内高等学校支出	万元	286034	296231	286159	302952	307785	371609	412520
对境外支出	万元	327531	496563	413047	359077	408854	234989	273059

2-1-5 续表

主 要 指 标	单位	2016	2017	2018	2019	2020	2021	2022
企业办研发机构情况								
机构数	个	5892	6335	5761	6001	6604	7274	7992
机构人员数	人	634778	646284	615002	588391	614042	649597	700809
#博士	人	11112	11025	10318	9136	9860	10771	11320
硕士	人	136551	144650	143352	134888	144561	155519	159807
机构经费支出	万元	17868450	20378070	24441884	28107153	29575193	36168282	40220224
仪器和设备原价	万元	23369358	28781731	21671202	26923253	25784923	32086656	41076149
新产品开发及销售情况								
新产品开发项目数	项	62668	68188	71746	79233	89771	103303	113817
新产品开发经费支出	万元	28264119	32036627	34261127	36688851	39388275	48153696	52380712
新产品销售收入	万元	446748857	509373434	480304588	498372628	515049708	614620044	641298122
#新产品出口	万元	43672314	43836940	44029983	44031308	37752355	50824892	58053062
自主知识产权及相关情况								
专利申请数	件	156755	171917	191105	186220	211160	237936	267220
#发明专利	件	76243	85328	93725	94356	110326	128247	153404
有效发明专利数	件	213314	250556	255311	282263	315689	389604	443471
拥有注册商标数	件	105545	115717	124083	124752	138732	161770	190931
形成国家或行业标准数	项	6669	6713	6141	6236	7240	8454	8507
政府相关政策落实情况								
研究开发费用加计扣除减免税	万元	1445942	1484313	1990116	2929074	3089294	3944820	5374786
高新技术企业减免税	万元	1717861	2288865	2373592	2413824	2690236	3985403	4683704
技术获取和技术改造情况								
引进技术经费支出	万元	2228085	2199183	2368195	2836651	1917649	3050467	2201714
消化吸收经费支出	万元	673271	760578	678418	791106	581535	649834	630048
购买境内技术经费支出	万元	799475	805439	1872494	1913646	1446054	1684024	1651071
技术改造经费支出	万元	15315735	15810336	17026582	21917327	17913148	18748607	19448693

2-1-6 分登记注册类型内资工业企业R&D及相关活动主要指标

主 要 指 标	单位	2016	2017	2018	2019	2020	2021	2022
企业基本情况								
#有R&D活动的企业	个	72452	86671	90473	113548	130299	152362	159256
#有研发机构的企业	个	50219	57928	60780	73205	82010	96483	112057
#有新产品销售的企业	个	63002	70678	80915	97725	112890	134404	148907
R&D人员情况								
R&D人员	人	3038869	3195338	3365482	3583372	3877326	4549593	4914140
#女性	人	666745	702016	737549	771514	842621	989225	1075809
#研究人员	人	1029125	1041853	1062660	1113194	1180438	1289554	1356172
#全时人员	人	2142750	2325327	2488360	2646352	2870665	3197374	3413897
R&D人员折合全时当量	人年	2085938	2119652	2327232	2515116	2790079	3110457	3430498
R&D经费情况								
R&D经费内部支出	万元	85253739	94230092	102720472	112189638	122726840	141368113	156895666
按支出用途分								
1.日常性支出	万元	75439682	83927446	92724811	103723390	113290764	132097117	147073315
#人员劳务费	万元	24648946	26967896	29781333	31984040	37880429	40591780	48140719
2.资产性支出	万元	9814057	10302645	9995661	8466248	9436077	9270996	9822352
#仪器和设备	万元	9603674	10107111	9793899	8196479	9206796	8987324	9533581
按资金来源分								
政府资金	万元	3653911	3708631	3843098	5156417	3768931	4527174	4442280
企业资金	万元	80747312	89709083	97780689	107015751	118647839	136677488	152308717
境外资金	万元	84394	85510	276858	10666	173920	77830	37625
其他资金	万元	768123	726867	819827	6804	136151	85621	107044
R&D经费外部支出	万元	4795514	5443888	6881249	7057264	7912575	10182635	11255492
#对境内研究机构支出	万元	2402818	2435930	3071197	2756217	3152295	3753970	3364912
对境内高等学校支出	万元	638554	634350	587752	555818	567170	668110	750914
对境外支出	万元	475584	559283	598282	629538	684505	755676	808798

2-1-6 续表

主 要 指 标	单位	2016	2017	2018	2019	2020	2021	2022
企业办研发机构情况								
机构数	个	59722	68201	69941	82176	91708	106772	123132
机构人员数	人	2201833	2453664	2438895	2672272	2941976	3283047	3569819
#博士	人	40720	43543	38485	38608	39941	45742	44136
硕士	人	294330	323697	311124	318419	348790	379180	340996
机构经费支出	万元	56987138	66641469	78453332	95145340	108024780	134075543	144051795
仪器和设备原价	万元	54647380	65014951	60381864	73495534	73521672	89873104	110174846
新产品开发及销售情况								
新产品开发项目数	项	313231	388276	463865	568733	676688	832694	962722
新产品开发经费支出	万元	89317095	103371254	116493351	133642655	148203396	180987608	205724545
新产品销售收入	万元	1208390782	1334941713	1438177877	1557714924	1766019670	2235244839	2559898028
#新产品出口	万元	150792646	172039156	185889554	217761381	232404310	288608462	321648632
自主知识产权及相关情况								
专利申请数	件	589008	688531	819575	912864	1082747	1224747	1318991
#发明专利	件	236768	274490	321873	343664	389329	429773	485582
有效发明专利数	件	622533	771070	907856	1028567	1233554	1450729	1706014
拥有注册商标数	件	409903	459251	567378	687180	820851	977602	1156204
形成国家或行业标准数	项	20227	21256	20142	22238	25762	30418	49174
政府相关政策落实情况								
研究开发费用加计扣除减免税	万元	3820659	4410704	6896982	10873480	13729623	16954792	24421972
高新技术企业减免税	万元	5721975	7362690	8891593	10402673	12099271	19786377	17013849
技术获取和技术改造情况								
引进技术经费支出	万元	1777633	1515026	1845316	2057486	2189507	1634853	1299302
消化吸收经费支出	万元	558971	523899	255533	141764	173486	98733	221903
购买境内技术经费支出	万元	1807568	1752905	3981398	4894850	4042206	4102424	5280650
技术改造经费支出	万元	24880320	25167642	26859696	31182278	29275188	32026605	33166748

2-1-7 分登记注册类型港澳台商投资工业企业R&D及相关活动主要指标

主 要 指 标	单位	2016	2017	2018	2019	2020	2021	2022
企业基本情况								
#有R&D活动的企业	个	6730	7581	6831	7418	7711	7973	7589
#有研发机构的企业	个	5483	6497	5868	6130	6206	6273	6326
#有新产品销售的企业	个	6062	6536	6276	6673	6950	7036	7014
R&D人员情况								
R&D人员	人	395713	427185	435717	412326	434803	489602	538029
#女性	人	95667	105280	108264	99169	107629	119791	130538
#研究人员	人	112192	109851	117566	110188	115905	125142	140651
#全时人员	人	305107	330836	335318	316040	332406	361994	400275
R&D人员折合全时当量	人年	285902	303102	319641	314242	332813	354588	402088
R&D经费情况								
R&D经费内部支出	万元	10135514	11150543	11307500	11383701	12561629	14480915	16037512
按支出用途分								
1.日常性支出	万元	9230034	10089010	10206656	10639512	11759149	13582098	15181736
#人员劳务费	万元	3430809	3692209	3792314	3849975	4551516	5254545	6106193
2.资产性支出	万元	905480	1061532	1100844	744189	802480	898817	855776
#仪器和设备	万元	892125	1049884	1080849	720601	787352	873179	837089
按资金来源分								
政府资金	万元	155048	208422	187070	213524	157927	202396	178066
企业资金	万元	9786177	10824734	11033606	11169403	12330953	14230938	15822770
境外资金	万元	127659	48477	47290	306	62901	43683	34098
其他资金	万元	66631	68909	39534	468	9848	3897	2578
R&D经费外部支出	万元	312272	384999	620419	572765	595916	948497	777042
#对境内研究机构支出	万元	100847	114287	128851	146038	118930	232657	135992
对境内高等学校支出	万元	35646	35570	26629	22055	27010	27021	40060
对境外支出	万元	80479	93252	142671	106469	140945	221620	163293

2-1-7　续表

主　要　指　标	单位	2016	2017	2018	2019	2020	2021	2022
企业办研发机构情况								
机构数	个	6377	7479	6567	6763	6919	6968	7105
机构人员数	人	349513	424107	380490	387441	403716	447707	458206
#博士	人	3007	3345	2495	2633	2605	2988	3421
硕士	人	25632	28229	27266	26145	26461	34688	34950
机构经费支出	万元	8129419	10445729	10627583	11460124	12197413	15461407	17508955
仪器和设备原价	万元	6803841	8740241	9250407	9703657	11058314	11963198	12864926
新产品开发及销售情况								
新产品开发项目数	项	36315	43324	44253	48400	52612	59539	62068
新产品开发经费支出	万元	11508389	13694049	13938026	14875719	15576264	19980053	22274839
新产品销售收入	万元	216260034	260442342	233315345	252177740	271243951	344727307	338522892
#新产品出口	万元	88907938	102579702	94313186	97354532	115171209	138232927	132878036
自主知识产权及相关情况								
专利申请数	件	60762	67597	68851	70919	73083	83644	92506
#发明专利	件	22581	24272	25946	25564	24182	29775	34792
有效发明专利数	件	68740	81769	89280	93651	104000	111913	131089
拥有注册商标数	件	53823	57808	66666	71431	80502	99556	116785
形成国家或行业标准数	项	1534	1735	1273	3425	2033	2672	2667
政府相关政策落实情况								
研究开发费用加计扣除减免税	万元	461043	597347	780544	1393996	1400581	1807858	2531065
高新技术企业减免税	万元	1357225	1719171	1563500	1727469	1917294	2249715	3362300
技术获取和技术改造情况								
引进技术经费支出	万元	236403	157368	120032	92448	82634	70321	82364
消化吸收经费支出	万元	93637	126195	10600	26255	5964	8423	5432
购买境内技术经费支出	万元	113826	141363	152101	222389	227371	190503	302639
技术改造经费支出	万元	1918896	2465484	2280659	2430982	2226357	2878163	2966319

2-1-8 分登记注册类型外商投资工业企业R&D及相关活动主要指标

主要指标	单位	2016	2017	2018	2019	2020	2021	2022
企业基本情况								
#有R&D活动的企业	个	7709	7966	7516	8232	8681	8889	8774
#有研发机构的企业	个	6063	6211	5959	5939	5856	5911	5920
#有新产品销售的企业	个	6815	6764	6921	7357	7698	7994	7939
R&D人员情况								
R&D人员	人	432762	422535	459971	444852	455372	520385	535989
#女性	人	96109	94867	105668	101717	106828	125506	131258
#研究人员	人	142117	136006	144219	144138	147741	160534	168572
#全时人员	人	325030	327589	352036	335899	341114	373498	375945
R&D人员折合全时当量	人年	330649	313490	334362	322470	337516	361606	382081
R&D经费情况								
R&D经费内部支出	万元	14057332	14748955	15520292	16137651	17424436	19293434	20684440
按支出用途分								
1.日常性支出	万元	12815896	13604718	14192759	14823774	16168008	18164398	19502494
#人员劳务费	万元	4694182	4873353	5179046	5477283	6089116	6537917	7351773
2.资产性支出	万元	1241436	1144237	1327533	1313877	1256428	1129035	1181946
#仪器和设备	万元	1219175	1124178	1300714	1286089	1225896	1090679	1158152
按资金来源分								
政府资金	万元	228884	184045	202548	377928	263080	385026	208522
企业资金	万元	13519241	14284824	15079232	15756976	16935303	18764570	20381003
境外资金	万元	198473	224187	131867	1835	156485	105779	77250
其他资金	万元	110734	55899	106645	911	69568	38059	17665
R&D经费外部支出	万元	941531	1155452	1198133	1300312	1576393	1701714	1906529
#对境内研究机构支出	万元	345969	175474	184755	236366	180936	113052	113190
对境内高等学校支出	万元	28454	30491	29424	25763	27509	36735	33135
对境外支出	万元	286835	447465	459688	476102	609876	560443	473631

2-1-8 续表

主 要 指 标	单位	2016	2017	2018	2019	2020	2021	2022
企业办研发机构情况								
机构数	个	6864	6987	6607	6520	6467	6627	6599
机构人员数	人	372607	376408	363409	356604	367578	393865	390858
#博士	人	4460	4001	3534	3642	3171	3763	4208
硕士	人	43566	41151	40676	40397	38611	44402	46505
机构经费支出	万元	11528291	12467713	14131728	15149364	15613421	19252767	20052591
仪器和设备原价	万元	12113533	15081893	10846110	11045916	13933517	14264399	15718283
新产品开发及销售情况								
新产品开发项目数	项	42326	46261	50187	54666	58825	66476	69185
新产品开发经费支出	万元	16837174	17913068	19440818	21338811	22458122	25560922	27400261
新产品销售收入	万元	321390718	320302834	299447472	310709974	343473022	375694815	381408816
#新产品出口	万元	87430375	74828679	81405452	77576975	90957204	97329503	104071024
自主知识产权及相关情况								
专利申请数	件	65627	60909	68872	76025	88097	95220	95799
#发明专利	件	27638	21864	23750	29574	32558	35041	34241
有效发明专利数	件	78574	81151	97064	95856	110396	129267	143995
拥有注册商标数	件	50403	49397	57901	64502	72188	89300	97329
形成国家或行业标准数	项	1584	1427	1118	1269	1502	1816	2239
政府相关政策落实情况								
研究开发费用加计扣除减免税	万元	609185	690956	1137053	1729440	2003886	2154123	2989693
高新技术企业减免税	万元	1348650	1540868	1795076	2107810	2381663	3003404	3453920
技术获取和技术改造情况								
引进技术经费支出	万元	2740147	2320759	2687334	2616968	2327363	3372389	2181144
消化吸收经费支出	万元	439871	535294	643944	799672	576489	701834	630315
购买境内技术经费支出	万元	158630	114429	268197	256854	297569	349999	416632
技术改造经费支出	万元	3366845	3400666	3193758	3788272	3665235	3537583	3550777

2-1-9 制造业企业R&D及相关活动主要指标

主 要 指 标	单位	2016	2017	2018	2019	2020	2021	2022
企业基本情况								
#有R&D活动的企业	个	85396	100471	102980	126844	143739	165664	171557
#有研发机构的企业	个	60993	69743	71744	84209	92771	107017	122361
#有新产品销售的企业	个	75452	83508	93520	111047	126682	148274	162456
R&D人员情况								
R&D人员	人	3682865	3858684	4103797	4271143	4591431	5341902	5735709
#女性	人	828171	872824	927271	946674	1033882	1205271	1303683
#研究人员	人	1212075	1217230	1264354	1302499	1379148	1497890	1581256
#全时人员	人	2682762	2885018	3089950	3203279	3450135	3824038	4070032
R&D人员折合全时当量	人年	2594780	2633102	2892214	3050489	3356496	3708626	4074219
R&D经费情况								
R&D经费内部支出	万元	105802593	116246712	125144216	135385064	147838121	169143488	186195866
按支出用途分								
1.日常性支出	万元	94337269	104330807	113189976	125234164	136808834	158345714	174750049
#人员劳务费	万元	31586710	34356395	37391240	39931461	47015938	50676665	59350304
2.资产性支出	万元	11465324	11915905	11954240	10150900	11029287	10797774	11445818
#仪器和设备	万元	11232925	11706370	11721056	9844758	10772071	10471977	11140604
按资金来源分								
政府资金	万元	3934538	3950547	4094011	5605382	4099285	5051886	4763614
企业资金	万元	100532524	111111060	119681234	129760586	143136659	163744335	181158729
境外资金	万元	406506	356336	446176	12796	392052	227292	148947
其他资金	万元	929025	828769	922795	6301	210125	119975	124577
R&D经费外部支出	万元	5718244	6518166	8128437	8288057	9328993	11994779	12834530
#对境内研究机构支出	万元	2739967	2602517	3234372	3007570	3316774	3948118	3405421
对境内高等学校支出	万元	611437	592046	519319	467817	489116	571455	604432
对境外支出	万元	841275	1094643	1191027	1207898	1429635	1536147	1443677

2−1−9 续表

主 要 指 标	单位	2016	2017	2018	2019	2020	2021	2022
企业办研发机构情况								
机构数	个	71943	81499	82000	94113	103543	118485	134633
机构人员数	人	2837556	3170175	3105363	3345546	3632656	4035724	4316474
#博士	人	45455	48229	42008	42828	43566	50291	49612
硕士	人	345353	375544	363285	370786	397938	442274	405752
机构经费支出	万元	74915646	87665861	101058273	119723431	133375589	165555685	177468097
仪器和设备原价	万元	71289374	85807251	78115865	91377251	94901503	111215808	132798530
新产品开发及销售情况								
新产品开发项目数	项	385933	470885	550311	661204	775219	942339	1073803
新产品开发经费支出	万元	115813186	132722574	147698898	167437639	183454509	222783181	250756165
新产品销售收入	万元	1732867494	1895787388	1948308217	2096932213	2353288054	2923677950	3239486527
#新产品出口	万元	326753766	349155460	361477276	391079539	438394304	523988409	558293590
自主知识产权及相关情况								
专利申请数	件	686002	786864	915884	1018994	1195111	1343548	1443409
#发明专利	件	274193	307355	355267	380514	421308	462070	518561
有效发明专利数	件	748992	908886	1061683	1174993	1397644	1625986	1910893
拥有注册商标数	件	512570	564750	687885	818931	970407	1162973	1366309
形成国家或行业标准数	项	22543	23569	21703	26241	28621	33978	53110
政府相关政策落实情况								
研究开发费用加计扣除减免税	万元	4767086	5577241	8645062	13697071	16687858	20414130	29096465
高新技术企业减免税	万元	8325207	10498219	12067222	13936141	16024191	24384953	22831640
技术获取和技术改造情况								
引进技术经费支出	万元	4730089	3895798	4628695	4733561	4574083	5071525	3560285
消化吸收经费支出	万元	1027672	1076068	905020	962680	752616	802095	856671
购买境内技术经费支出	万元	1896451	1929741	4268888	5292383	4486089	4480689	5736309
技术改造经费支出	万元	26710292	27220210	28904525	34400563	32116034	34839382	35885411

第二部分
工业企业研发活动情况

工业企业基本情况
(2022)

2-2-1　分登记注册类型工业企业基本情况

单位：个

登记注册类型	有R&D活动	有研发机构	有新产品销售
合　计	**175619**	**124303**	**163860**
国有及国有控股	**9494**	**5648**	**6985**
内资企业	**159256**	**112057**	**148907**
国有企业	792	428	597
集体企业	129	74	108
股份合作企业	223	149	243
联营企业	37	19	25
有限责任公司	24882	16635	21325
股份有限公司	5597	4131	5105
私营企业	127563	90595	121477
其他企业	33	26	27
港、澳、台商投资企业	**7589**	**6326**	**7014**
合资经营企业	2564	1916	2319
合作经营企业	83	63	70
港、澳、台商独资经营企业	4370	3881	4082
港、澳、台商投资股份有限公司	454	370	435
其他港、澳、台投资企业	118	96	108
外商投资企业	**8774**	**5920**	**7939**
中外合资经营企业	3252	2130	3017
中外合作经营企业	87	54	68
外资企业	4973	3409	4422
外商投资股份有限公司	380	266	356
其他外商投资企业	82	61	76

2-2-2　分登记注册类型大型工业企业基本情况

单位：个

登记注册类型	有R&D活动	有研发机构	有新产品销售
合　计	**6194**	**4610**	**5286**
国有及国有控股	**1629**	**1145**	**1196**
内资企业	**4500**	**3305**	**3794**
国有企业	100	72	79
集体企业			
股份合作企业			
联营企业			
有限责任公司	1833	1244	1403
股份有限公司	948	763	857
私营企业	1613	1220	1449
其他企业			
港、澳、台商投资企业	**823**	**671**	**738**
合资经营企业	249	195	227
合作经营企业	4	5	3
港、澳、台商独资经营企业	462	376	405
港、澳、台商投资股份有限公司	101	88	97
其他港、澳、台投资企业	7	7	6
外商投资企业	**871**	**634**	**754**
中外合资经营企业	281	211	256
中外合作经营企业	11	9	6
外资企业	477	341	402
外商投资股份有限公司	95	65	85
其他外商投资企业	7	8	5

2-2-3 分登记注册类型中型工业企业基本情况

单位：个

登记注册类型	有R&D活动	有研发机构	有新产品销售
合 计	**23329**	**16706**	**20735**
国有及国有控股	**2848**	**1825**	**2138**
内资企业	**18895**	**13357**	**16735**
国有企业	246	150	194
集体企业	15	12	12
股份合作企业	16	13	17
联营企业	10	5	5
有限责任公司	5130	3390	4163
股份有限公司	1754	1329	1614
私营企业	11717	8453	10726
其他企业	7	5	4
港、澳、台商投资企业	**2224**	**1772**	**1998**
合资经营企业	720	511	632
合作经营企业	23	14	16
港、澳、台商独资经营企业	1285	1085	1175
港、澳、台商投资股份有限公司	169	139	155
其他港、澳、台投资企业	27	23	20
外商投资企业	**2210**	**1577**	**2002**
中外合资经营企业	770	519	705
中外合作经营企业	24	15	18
外资企业	1277	943	1152
外商投资股份有限公司	120	86	108
其他外商投资企业	19	14	19

2-2-4 分行业工业企业基本情况

单位：个

行　　业	有R&D活动	有研发机构	有新产品销售
合　计	**175619**	**124303**	**163860**
采矿业	**1783**	**869**	**753**
煤炭开采和洗选业	584	272	70
石油和天然气开采业	58	34	8
黑色金属矿采选业	214	93	82
有色金属矿采选业	284	129	134
非金属矿采选业	593	313	437
开采及其他辅助性活动	47	26	21
制造业	**171557**	**122361**	**162456**
农副食品加工业	5937	3569	5772
食品制造业	3275	2193	3280
酒、饮料和精制茶制造业	1344	920	1592
烟草制品业	76	56	70
纺织业	6476	4930	6285
纺织服装、服饰业	2768	1877	2540
皮革、毛皮、羽毛及其制品和制鞋业	2506	1601	2486
木材加工和木、竹、藤、棕、草制品业	2648	1276	2266
家具制造业	2097	1707	2361
造纸和纸制品业	2063	1664	2129
印刷和记录媒介复制业	2378	1682	2091
文教、工美、体育和娱乐用品制造业	3244	2537	3515
石油加工、炼焦和核燃料加工业	696	420	528
化学原料和化学制品制造业	10811	7899	10004
医药制造业	5539	3704	4292
化学纤维制造业	1075	744	889
橡胶和塑料制品业	9645	7496	9233
非金属矿物制品业	12586	7842	10513
黑色金属冶炼和压延加工业	1673	1161	1456
有色金属冶炼和压延加工业	3364	2208	2980
金属制品业	12340	9056	11469
通用设备制造业	17047	11860	16268
专用设备制造业	14307	9677	13312
汽车制造业	8580	5781	8480
铁路、船舶、航空航天和其他运输设备制造业	2866	1818	2543
电气机械和器材制造业	15989	12833	16132
计算机、通信和其他电子设备制造业	14200	11754	14484
仪器仪表制造业	4098	2834	3944
其他制造业	807	574	753
废弃资源综合利用业	910	583	664
金属制品、机械和设备修理业	212	105	125
电力、热力、燃气及水生产和供应业	**2279**	**1073**	**651**
电力、热力生产和供应业	1444	633	373
燃气生产和供应业	353	192	111
水的生产和供应业	482	248	167

2-2-5 分行业大型工业企业基本情况

单位：个

行　　业	有R&D活动	有研发机构	有新产品销售
合　计	**6194**	**4610**	**5286**
采矿业	**326**	**182**	**66**
煤炭开采和洗选业	224	116	32
石油和天然气开采业	33	20	3
黑色金属矿采选业	21	16	8
有色金属矿采选业	26	17	13
非金属矿采选业	9	6	4
开采及其他辅助性活动	13	7	6
制造业	**5760**	**4378**	**5207**
农副食品加工业	105	66	111
食品制造业	133	95	115
酒、饮料和精制茶制造业	94	68	67
烟草制品业	23	22	21
纺织业	166	115	139
纺织服装、服饰业	77	58	69
皮革、毛皮、羽毛及其制品和制鞋业	91	53	71
木材加工和木、竹、藤、棕、草制品业	11	7	11
家具制造业	69	57	66
造纸和纸制品业	67	53	58
印刷和记录媒介复制业	31	24	26
文教、工美、体育和娱乐用品制造业	58	52	60
石油加工、炼焦和核燃料加工业	131	78	83
化学原料和化学制品制造业	323	230	266
医药制造业	280	224	248
化学纤维制造业	81	65	74
橡胶和塑料制品业	173	144	168
非金属矿物制品业	185	138	162
黑色金属冶炼和压延加工业	240	174	190
有色金属冶炼和压延加工业	212	137	150
金属制品业	201	177	186
通用设备制造业	304	244	293
专用设备制造业	252	206	246
汽车制造业	439	330	443
铁路、船舶、航空航天和其他运输设备制造业	188	153	187
电气机械和器材制造业	628	513	610
计算机、通信和其他电子设备制造业	1067	802	972
仪器仪表制造业	76	58	71
其他制造业	28	16	25
废弃资源综合利用业	5	4	5
金属制品、机械和设备修理业	22	15	14
电力、热力、燃气及水生产和供应业	**108**	**50**	**13**
电力、热力生产和供应业	68	32	9
燃气生产和供应业	15	10	3
水的生产和供应业	25	8	1

2-2-6 分行业中型工业企业基本情况

单位：个

行　业	有R&D活动	有研发机构	有新产品销售
合　计	**23329**	**16706**	**20735**
采矿业	**456**	**246**	**123**
煤炭开采和洗选业	251	117	20
石油和天然气开采业	7	1	
黑色金属矿采选业	52	37	26
有色金属矿采选业	94	54	39
非金属矿采选业	39	27	34
开采及其他辅助性活动	12	10	4
制造业	**22516**	**16312**	**20553**
农副食品加工业	627	373	574
食品制造业	547	358	501
酒、饮料和精制茶制造业	194	134	199
烟草制品业	21	19	21
纺织业	1008	698	908
纺织服装、服饰业	549	377	478
皮革、毛皮、羽毛及其制品和制鞋业	415	271	329
木材加工和木、竹、藤、棕、草制品业	140	75	119
家具制造业	299	235	292
造纸和纸制品业	311	224	276
印刷和记录媒介复制业	279	218	257
文教、工美、体育和娱乐用品制造业	434	349	442
石油加工、炼焦和核燃料加工业	122	62	67
化学原料和化学制品制造业	1384	989	1158
医药制造业	1115	828	858
化学纤维制造业	125	94	120
橡胶和塑料制品业	904	706	830
非金属矿物制品业	1385	871	1112
黑色金属冶炼和压延加工业	250	151	196
有色金属冶炼和压延加工业	496	314	392
金属制品业	1224	950	1136
通用设备制造业	1658	1201	1596
专用设备制造业	1433	1052	1347
汽车制造业	1575	1085	1563
铁路、船舶、航空航天和其他运输设备制造业	492	326	437
电气机械和器材制造业	2166	1743	2141
计算机、通信和其他电子设备制造业	2650	2083	2566
仪器仪表制造业	517	390	486
其他制造业	92	68	83
废弃资源综合利用业	58	41	44
金属制品、机械和设备修理业	46	27	25
电力、热力、燃气及水生产和供应业	**357**	**148**	**59**
电力、热力生产和供应业	241	94	31
燃气生产和供应业	46	19	10
水的生产和供应业	70	35	18

2-2-7 分行业国有及国有控股工业企业基本情况

单位：个

行　业	有R&D活动	有研发机构	有新产品销售
合　计	**9494**	**5648**	**6985**
采矿业	**641**	**346**	**179**
煤炭开采和洗选业	341	174	44
石油和天然气开采业	48	24	6
黑色金属矿采选业	41	30	20
有色金属矿采选业	113	71	56
非金属矿采选业	81	40	47
开采及其他辅助性活动	16	7	6
制造业	**7689**	**4822**	**6575**
农副食品加工业	156	86	124
食品制造业	130	79	136
酒、饮料和精制茶制造业	101	76	108
烟草制品业	54	39	41
纺织业	61	36	57
纺织服装、服饰业	31	22	24
皮革、毛皮、羽毛及其制品和制鞋业	8	8	10
木材加工和木、竹、藤、棕、草制品业	27	13	24
家具制造业	7	6	6
造纸和纸制品业	46	35	37
印刷和记录媒介复制业	91	47	66
文教、工美、体育和娱乐用品制造业	27	17	28
石油加工、炼焦和核燃料加工业	143	80	100
化学原料和化学制品制造业	754	482	599
医药制造业	385	266	274
化学纤维制造业	53	31	45
橡胶和塑料制品业	150	108	154
非金属矿物制品业	927	565	604
黑色金属冶炼和压延加工业	157	97	142
有色金属冶炼和压延加工业	385	203	280
金属制品业	360	228	314
通用设备制造业	585	372	550
专用设备制造业	617	375	551
汽车制造业	515	356	558
铁路、船舶、航空航天和其他运输设备制造业	426	274	375
电气机械和器材制造业	486	297	478
计算机、通信和其他电子设备制造业	640	414	599
仪器仪表制造业	195	105	178
其他制造业	38	32	38
废弃资源综合利用业	72	40	33
金属制品、机械和设备修理业	62	33	42
电力、热力、燃气及水生产和供应业	**1164**	**480**	**231**
电力、热力生产和供应业	805	307	138
燃气生产和供应业	95	56	24
水的生产和供应业	264	117	69

2-2-8　分行业内资工业企业基本情况

单位：个

行　　业	有R&D活动	有研发机构	有新产品销售
合　计	**159256**	**112057**	**148907**
采矿业	**1729**	**835**	**731**
煤炭开采和洗选业	571	264	69
石油和天然气开采业	52	28	6
黑色金属矿采选业	204	89	78
有色金属矿采选业	272	124	132
非金属矿采选业	584	306	425
开采及其他辅助性活动	43	22	20
制造业	**155541**	**110300**	**147595**
农副食品加工业	5566	3359	5437
食品制造业	2904	1904	2945
酒、饮料和精制茶制造业	1209	828	1482
烟草制品业	73	54	67
纺织业	5896	4480	5750
纺织服装、服饰业	2397	1603	2211
皮革、毛皮、羽毛及其制品和制鞋业	2264	1422	2273
木材加工和木、竹、藤、棕、草制品业	2589	1245	2197
家具制造业	1924	1555	2168
造纸和纸制品业	1825	1478	1906
印刷和记录媒介复制业	2184	1522	1919
文教、工美、体育和娱乐用品制造业	2844	2167	3072
石油加工、炼焦和核燃料加工业	652	382	486
化学原料和化学制品制造业	9767	7112	9094
医药制造业	5029	3347	3940
化学纤维制造业	966	667	800
橡胶和塑料制品业	8682	6719	8348
非金属矿物制品业	12070	7489	10068
黑色金属冶炼和压延加工业	1568	1078	1369
有色金属冶炼和压延加工业	3173	2076	2811
金属制品业	11504	8337	10644
通用设备制造业	15461	10766	14819
专用设备制造业	13075	8803	12154
汽车制造业	7283	4932	7210
铁路、船舶、航空航天和其他运输设备制造业	2615	1674	2315
电气机械和器材制造业	14553	11637	14731
计算机、通信和其他电子设备制造业	11983	9960	12380
仪器仪表制造业	3705	2554	3569
其他制造业	721	497	670
废弃资源综合利用业	876	564	647
金属制品、机械和设备修理业	183	89	113
电力、热力、燃气及水生产和供应业	**1986**	**922**	**581**
电力、热力生产和供应业	1315	567	344
燃气生产和供应业	238	128	82
水的生产和供应业	433	227	155

2–2–9 分行业港澳台商投资工业企业基本情况

单位：个

行　业	有R&D活动	有研发机构	有新产品销售
合　计	**7589**	**6326**	**7014**
采矿业	**26**	**18**	**10**
煤炭开采和洗选业	4	3	1
石油和天然气开采业	4	3	
黑色金属矿采选业	7	3	2
有色金属矿采选业	6	4	1
非金属矿采选业	3	2	5
开采及其他辅助性活动	2	3	1
制造业	**7404**	**6233**	**6968**
农副食品加工业	152	81	126
食品制造业	134	113	146
酒、饮料和精制茶制造业	65	48	42
烟草制品业	3	2	3
纺织业	366	291	351
纺织服装、服饰业	228	171	202
皮革、毛皮、羽毛及其制品和制鞋业	157	118	135
木材加工和木、竹、藤、棕、草制品业	21	13	29
家具制造业	106	97	119
造纸和纸制品业	147	126	143
印刷和记录媒介复制业	121	116	120
文教、工美、体育和娱乐用品制造业	246	251	280
石油加工、炼焦和核燃料加工业	26	25	21
化学原料和化学制品制造业	464	384	403
医药制造业	238	174	169
化学纤维制造业	65	50	53
橡胶和塑料制品业	524	472	489
非金属矿物制品业	250	190	227
黑色金属冶炼和压延加工业	47	43	47
有色金属冶炼和压延加工业	93	73	86
金属制品业	442	439	438
通用设备制造业	545	451	527
专用设备制造业	537	409	498
汽车制造业	320	225	303
铁路、船舶、航空航天和其他运输设备制造业	92	68	89
电气机械和器材制造业	692	677	686
计算机、通信和其他电子设备制造业	1073	923	1028
仪器仪表制造业	164	131	144
其他制造业	50	52	49
废弃资源综合利用业	25	13	11
金属制品、机械和设备修理业	11	7	4
电力、热力、燃气及水生产和供应业	**159**	**75**	**36**
电力、热力生产和供应业	80	39	16
燃气生产和供应业	52	22	12
水的生产和供应业	27	14	8

2-2-10 分行业外商投资工业企业基本情况

单位：个

行业	有R&D活动	有研发机构	有新产品销售
合 计	**8774**	**5920**	**7939**
采矿业	**28**	**16**	**12**
煤炭开采和洗选业	9	5	
石油和天然气开采业	2	3	2
黑色金属矿采选业	3	1	2
有色金属矿采选业	6	1	1
非金属矿采选业	6	5	7
开采及其他辅助性活动	2	1	
制造业	**8612**	**5828**	**7893**
农副食品加工业	219	129	209
食品制造业	237	176	189
酒、饮料和精制茶制造业	70	44	68
烟草制品业			
纺织业	214	159	184
纺织服装、服饰业	143	103	127
皮革、毛皮、羽毛及其制品和制鞋业	85	61	78
木材加工和木、竹、藤、棕、草制品业	38	18	40
家具制造业	67	55	74
造纸和纸制品业	91	60	80
印刷和记录媒介复制业	73	44	52
文教、工美、体育和娱乐用品制造业	154	119	163
石油加工、炼焦和核燃料加工业	18	13	21
化学原料和化学制品制造业	580	403	507
医药制造业	272	183	183
化学纤维制造业	44	27	36
橡胶和塑料制品业	439	305	396
非金属矿物制品业	266	163	218
黑色金属冶炼和压延加工业	58	40	40
有色金属冶炼和压延加工业	98	59	83
金属制品业	394	280	387
通用设备制造业	1041	643	922
专用设备制造业	695	465	660
汽车制造业	977	624	967
铁路、船舶、航空航天和其他运输设备制造业	159	76	139
电气机械和器材制造业	744	519	715
计算机、通信和其他电子设备制造业	1144	871	1076
仪器仪表制造业	229	149	231
其他制造业	36	25	34
废弃资源综合利用业	9	6	6
金属制品、机械和设备修理业	18	9	8
电力、热力、燃气及水生产和供应业	**134**	**76**	**34**
电力、热力生产和供应业	49	27	13
燃气生产和供应业	63	42	17
水的生产和供应业	22	7	4

2-2-11 各地区工业企业基本情况

单位：个

地 区	有R&D活动	有研发机构	有新产品销售
全 国	**175619**	**124303**	**163860**
东部地区	115047	89327	111057
中部地区	40738	26937	38001
西部地区	16491	7106	11880
东北地区	3343	933	2922
北 京	1325	463	1392
天 津	1631	520	1519
河 北	4746	4398	4530
山 西	1076	1455	774
内 蒙 古	708	256	337
辽 宁	2269	569	1911
吉 林	428	161	478
黑 龙 江	646	203	533
上 海	2977	869	2936
江 苏	31594	17755	23185
浙 江	24871	24744	29254
安 徽	9135	7286	9343
福 建	7215	2183	4547
江 西	5145	5529	6960
山 东	17793	8456	17114
河 南	7942	4243	4131
湖 北	6991	5286	6961
湖 南	10449	3138	9832
广 东	22742	29864	26468
广 西	1703	754	1140
海 南	153	75	112
重 庆	3208	2268	3068
四 川	4725	1672	3249
贵 州	1354	395	676
云 南	1232	487	818
西 藏	16	8	10
陕 西	1941	597	1688
甘 肃	563	184	366
青 海	79	22	59
宁 夏	609	280	230
新 疆	353	183	239

2-2-12 各地区大型工业企业基本情况

单位：个

地　区	有R&D活动	有研发机构	有新产品销售
全　国	**6194**	**4610**	**5286**
东部地区	3805	3035	3500
中部地区	1202	939	957
西部地区	978	524	643
东北地区	209	112	186
北　京	82	55	79
天　津	79	50	65
河　北	192	149	152
山　西	161	169	61
内蒙古	113	41	54
辽　宁	115	58	103
吉　林	39	23	38
黑龙江	55	31	45
上　海	135	85	122
江　苏	803	552	727
浙　江	580	533	594
安　徽	227	192	212
福　建	314	165	226
江　西	164	147	162
山　东	561	396	546
河　南	268	176	181
湖　北	219	161	188
湖　南	163	94	153
广　东	1043	1044	981
广　西	76	34	50
海　南	16	6	8
重　庆	139	101	127
四　川	226	131	169
贵　州	71	39	44
云　南	67	41	43
西　藏	2	1	
陕　西	126	56	84
甘　肃	47	26	25
青　海	18	7	8
宁　夏	32	16	16
新　疆	61	31	23

2-2-13　各地区中型工业企业基本情况

单位：个

地　区	有R&D活动	有研发机构	有新产品销售
全　国	**23329**	**16706**	**20735**
东部地区	15128	11739	13977
中部地区	4813	3292	4182
西部地区	2854	1486	2107
东北地区	534	189	469
北　京	249	137	257
天　津	252	138	248
河　北	606	492	488
山　西	251	305	128
内蒙古	201	68	92
辽　宁	358	119	306
吉　林	95	29	102
黑龙江	81	41	61
上　海	473	225	480
江　苏	3341	2137	2867
浙　江	3148	2953	3239
安　徽	878	682	884
福　建	1241	478	867
江　西	674	642	752
山　东	1919	1109	1879
河　南	1048	577	629
湖　北	855	659	800
湖　南	1107	427	989
广　东	3870	4053	3635
广　西	313	152	219
海　南	29	17	17
重　庆	631	491	591
四　川	771	376	587
贵　州	192	84	113
云　南	180	78	110
西　藏	4		1
陕　西	288	110	245
甘　肃	77	28	55
青　海	15	4	9
宁　夏	113	64	48
新　疆	69	31	37

2-2-14 各地区国有及国有控股工业企业基本情况

单位：个

地区	有R&D活动	有研发机构	有新产品销售
全国	**9494**	**5648**	**6985**
东部地区	4174	2658	3278
中部地区	2441	1697	1766
西部地区	2470	1125	1606
东北地区	409	168	335
北京	326	139	318
天津	213	94	176
河北	363	288	244
山西	321	362	142
内蒙古	174	49	70
辽宁	233	103	189
吉林	63	23	55
黑龙江	113	42	91
上海	304	143	288
江苏	849	529	628
浙江	314	284	262
安徽	472	364	405
福建	231	81	135
江西	283	240	268
山东	1011	555	803
河南	459	245	247
湖北	414	294	341
湖南	492	192	363
广东	549	538	412
广西	214	108	138
海南	14	7	12
重庆	312	216	271
四川	487	214	317
贵州	237	108	136
云南	231	120	138
西藏	5	1	2
陕西	416	140	319
甘肃	159	64	103
青海	29	11	15
宁夏	73	30	32
新疆	133	64	65

2-2-15 各地区内资工业企业基本情况

单位：个

地　区	有R&D活动	有研发机构	有新产品销售
全　国	**159256**	**112057**	**148907**
东部地区	101263	78557	98318
中部地区	39265	25910	36658
西部地区	15747	6754	11303
东北地区	2981	836	2628
北　京	1107	388	1138
天　津	1391	434	1272
河　北	4535	4224	4344
山　西	1042	1421	751
内蒙古	673	239	314
辽　宁	1972	500	1684
吉　林	387	143	426
黑龙江	622	193	518
上　海	2228	595	2167
江　苏	27333	15439	20053
浙　江	22818	22482	26894
安　徽	8731	6985	8955
福　建	6159	1805	3835
江　西	4893	5254	6642
山　东	16608	7860	15984
河　南	7715	4110	4000
湖　北	6707	5107	6723
湖　南	10177	3033	9587
广　东	18947	25261	22530
广　西	1575	689	1048
海　南	137	69	101
重　庆	3041	2177	2908
四　川	4526	1593	3102
贵　州	1317	378	659
云　南	1182	463	783
西　藏	15	8	9
陕　西	1856	564	1620
甘　肃	556	183	360
青　海	78	22	58
宁　夏	589	264	215
新　疆	339	174	227

2−2−16 各地区港澳台商投资工业企业基本情况

单位：个

地　　区	有R&D活动	有研发机构	有新产品销售
全　　国	**7589**	**6326**	**7014**
东部地区	6535	5676	6119
中部地区	683	492	625
西部地区	278	134	199
东北地区	93	24	71
北　　京	61	23	66
天　　津	75	29	71
河　　北	69	63	58
山　　西	9	8	8
内 蒙 古	18	8	10
辽　　宁	75	16	54
吉　　林	8	6	12
黑 龙 江	10	2	5
上　　海	224	87	243
江　　苏	1592	927	1151
浙　　江	948	1037	1055
安　　徽	163	130	157
福　　建	643	226	422
江　　西	135	153	176
山　　东	415	226	400
河　　南	104	61	59
湖　　北	116	82	91
湖　　南	156	58	134
广　　东	2497	3054	2645
广　　西	54	29	41
海　　南	11	4	8
重　　庆	56	36	51
四　　川	81	28	50
贵　　州	19	9	6
云　　南	23	12	19
西　　藏			
陕　　西	14	5	12
甘　　肃	2		1
青　　海			
宁　　夏	6	5	4
新　　疆	5	2	5

2-2-17　各地区外商投资工业企业基本情况

单位：个

地　区	有R&D活动	有研发机构	有新产品销售
全　国	**8774**	**5920**	**7939**
东部地区	7249	5094	6620
中部地区	790	535	718
西部地区	466	218	378
东北地区	269	73	223
北　京	157	52	188
天　津	165	57	176
河　北	142	111	128
山　西	25	26	15
内蒙古	17	9	13
辽　宁	222	53	173
吉　林	33	12	40
黑龙江	14	8	10
上　海	525	187	526
江　苏	2669	1389	1981
浙　江	1105	1225	1305
安　徽	241	171	231
福　建	413	152	290
江　西	117	122	142
山　东	770	370	730
河　南	123	72	72
湖　北	168	97	147
湖　南	116	47	111
广　东	1298	1549	1293
广　西	74	36	51
海　南	5	2	3
重　庆	111	55	109
四　川	118	51	97
贵　州	18	8	11
云　南	27	12	16
西　藏			
陕　西	71	28	56
甘　肃	5	1	5
青　海			
宁　夏	14	11	11
新　疆	9	7	7

第二部分

工业企业研发活动情况

3

工业企业 R&D 人员情况（2022）

2-3-1　分登记注册类型工业企业R&D人员情况

登记注册类型	R&D人员(人)	#女性	#研究人员	#全时人员	R&D人员折合全时当量(人年)
合　计	**5988158**	**1337605**	**1665395**	**4190117**	**4214666**
国有及国有控股	**1040991**	**201343**	**415053**	**671412**	**681828**
内资企业	**4914140**	**1075809**	**1356172**	**3413897**	**3430498**
国有企业	74800	15636	30419	51092	49348
集体企业	3393	647	745	1879	2350
股份合作企业	4348	990	933	3124	3171
联营企业	1152	333	423	824	676
有限责任公司	1425616	288334	455538	971821	972869
股份有限公司	672049	152171	249786	484590	475244
私营企业	2728609	616883	616565	1897934	1924555
其他企业	4173	815	1763	2633	2285
港、澳、台商投资企业	**538029**	**130538**	**140651**	**400275**	**402088**
合资经营企业	172162	35824	48674	125095	130313
合作经营企业	3760	838	579	2712	2654
港、澳、台商独资经营企业	273540	72875	61754	200796	202141
港、澳、台商投资股份有限公司	82970	19549	27820	67523	63508
其他港、澳、台投资企业	5597	1452	1824	4149	3471
外商投资企业	**535989**	**131258**	**168572**	**375945**	**382081**
中外合资经营企业	204790	44530	69524	145169	146263
中外合作经营企业	4490	754	1095	2243	2724
外资企业	267488	69891	77677	186970	191316
外商投资股份有限公司	51961	14433	18251	37306	37009
其他外商投资企业	7260	1650	2025	4257	4769

2-3-2 分登记注册类型大型工业企业R&D人员情况

登记注册类型	R&D人员（人）				R&D人员折合全时当量（人年）
		#女性	#研究人员	#全时人员	
合 计	**2150885**	**467647**	**724565**	**1540372**	**1549675**
国有及国有控股	**687370**	**132661**	**290491**	**448348**	**454927**
内资企业	**1585052**	**330655**	**545314**	**1116779**	**1124786**
国有企业	44714	9727	19548	30763	29892
集体企业	1053	180	304	527	814
股份合作企业	929	191	269	836	754
联营企业	248	112	98	223	164
有限责任公司	698486	134910	246459	483856	489132
股份有限公司	435826	96847	171888	312809	309260
私营企业	401510	88218	105618	286246	293798
其他企业	2286	470	1130	1519	971
港、澳、台商投资企业	**297702**	**70094**	**86379**	**231560**	**229650**
合资经营企业	90816	16303	28139	69120	72078
合作经营企业	1209	122	126	999	981
港、澳、台商独资经营企业	141482	39175	36086	108425	107337
港、澳、台商投资股份有限公司	62087	13830	21225	51293	48015
其他港、澳、台投资企业	2108	664	803	1723	1238
外商投资企业	**268131**	**66898**	**92872**	**192033**	**195240**
中外合资经营企业	102179	21120	38283	73753	75289
中外合作经营企业	2162	250	562	825	1047
外资企业	123410	34434	40159	89708	89901
外商投资股份有限公司	36704	10194	13097	26392	26423
其他外商投资企业	3676	900	771	1355	2579

2-3-3 分登记注册类型中型工业企业R&D人员情况

登记注册类型	R&D人员（人）	#女性	#研究人员	#全时人员	R&D人员折合全时当量（人年）
合　计	**1531395**	**354886**	**395578**	**1049756**	**1071060**
国有及国有控股	**223213**	**43320**	**79118**	**138403**	**144631**
内资企业	**1237237**	**280337**	**320398**	**847102**	**861847**
国有企业	19786	3875	7385	13661	13340
集体企业	584	66	98	287	385
股份合作企业	736	166	190	470	523
联营企业	464	92	192	307	177
有限责任公司	367550	77764	107653	238300	245097
股份有限公司	159772	37919	53511	115398	112733
私营企业	687936	160403	151279	478508	489398
其他企业	409	52	90	171	194
港、澳、台商投资企业	**146017**	**38327**	**32653**	**101636**	**104866**
合资经营企业	47794	12010	12139	32311	34497
合作经营企业	1248	357	122	795	745
港、澳、台商独资经营企业	80558	21473	15207	55825	57684
港、澳、台商投资股份有限公司	14593	4128	4696	11374	10853
其他港、澳、台投资企业	1824	359	489	1331	1087
外商投资企业	**148141**	**36222**	**42527**	**101018**	**104348**
中外合资经营企业	55845	12734	17671	38627	38791
中外合作经营企业	1266	355	272	639	843
外资企业	79403	19869	20621	53366	56747
外商投资股份有限公司	9974	2854	3376	6976	6934
其他外商投资企业	1653	410	587	1410	1032

2-3-4　分行业工业企业R&D人员情况

行　　业	R&D人员(人)	#女性	#研究人员	#全时人员	R&D人员折合全时当量(人年)
合　计	**5988158**	**1337605**	**1665395**	**4190117**	**4214666**
采矿业	**169293**	**19337**	**51270**	**79967**	**93715**
煤炭开采和洗选业	88491	3344	20522	28749	45059
石油和天然气开采业	31860	9519	15702	23970	18724
黑色金属矿采选业	9858	1296	2470	5548	5588
有色金属矿采选业	11840	1304	2751	5763	7632
非金属矿采选业	10370	1683	2241	6441	6916
开采及其他辅助性活动	16795	2183	7560	9425	9757
制造业	**5735709**	**1303683**	**1581256**	**4070032**	**4074219**
农副食品加工业	100696	30815	22824	64496	64734
食品制造业	84283	31682	20110	53869	55224
酒、饮料和精制茶制造业	39603	11269	10020	22132	22587
烟草制品业	7720	1960	3294	3707	4865
纺织业	158864	59699	25899	99358	109582
纺织服装、服饰业	67987	32975	11009	46030	48935
皮革、毛皮、羽毛及其制品和制鞋业	64122	24696	8434	46129	47004
木材加工和木、竹、藤、棕、草制品业	35978	8754	6809	22884	24414
家具制造业	55561	14056	9599	39304	40831
造纸和纸制品业	59830	12964	9090	39675	41246
印刷和记录媒介复制业	51479	13781	9291	32744	35676
文教、工美、体育和娱乐用品制造业	72442	22413	12953	50381	51860
石油加工、炼焦和核燃料加工业	40545	7761	11192	18828	22464
化学原料和化学制品制造业	316063	75327	86775	213332	220273
医药制造业	249784	117621	94929	186871	175288
化学纤维制造业	43394	11227	7624	28865	30081
橡胶和塑料制品业	210338	47451	38131	143335	149703
非金属矿物制品业	277455	52859	55277	175777	181748
黑色金属冶炼和压延加工业	156372	19708	40162	80402	96286
有色金属冶炼和压延加工业	131444	20873	29571	78636	87432
金属制品业	263260	46802	52511	176267	185858
通用设备制造业	439744	70697	123550	311198	316320
专用设备制造业	403605	70249	130480	300922	283598
汽车制造业	447097	75912	146946	339459	326806
铁路、船舶、航空航天和其他运输设备制造业	168064	34746	65308	125391	118941
电气机械和器材制造业	557825	118116	148519	408650	405967
计算机、通信和其他电子设备制造业	1041232	233967	334973	819744	792197
仪器仪表制造业	141411	24889	51647	108381	101224
其他制造业	23950	6152	7222	17190	16039
废弃资源综合利用业	15230	3081	3535	9605	9936
金属制品、机械和设备修理业	10331	1181	3572	6470	7099
电力、热力、燃气及水生产和供应业	**83156**	**14585**	**32869**	**40118**	**46732**
电力、热力生产和供应业	61738	10201	26375	28063	32731
燃气生产和供应业	11601	2023	3239	5954	7518
水的生产和供应业	9817	2361	3255	6101	6483

2-3-5 分行业大型工业企业R&D人员情况

行业	R&D人员(人)	#女性	#研究人员	#全时人员	R&D人员折合全时当量(人年)
合计	**2150885**	**467647**	**724565**	**1540372**	**1549675**
采矿业	**122299**	**14577**	**41714**	**57354**	**67071**
煤炭开采和洗选业	66531	2405	17039	20630	33653
石油和天然气开采业	30266	9072	14876	22830	17733
黑色金属矿采选业	3778	380	1086	1880	2126
有色金属矿采选业	4371	411	1083	2107	3186
非金属矿采选业	1571	247	440	977	1200
开采及其他辅助性活动	15782	2062	7190	8930	9172
制造业	**1993007**	**445455**	**665571**	**1467910**	**1464380**
农副食品加工业	12587	3814	2823	7212	8075
食品制造业	19516	7122	4935	11908	13493
酒、饮料和精制茶制造业	16624	4381	4860	8959	8894
烟草制品业	5945	1560	2675	2507	3792
纺织业	33021	14011	4919	21294	22467
纺织服装、服饰业	13717	7178	1940	8372	10353
皮革、毛皮、羽毛及其制品和制鞋业	17660	8307	1838	12980	13384
木材加工和木、竹、藤、棕、草制品业	1704	452	259	971	1363
家具制造业	17261	4748	3410	13246	13309
造纸和纸制品业	14993	2723	2444	10580	11023
印刷和记录媒介复制业	6003	2004	1466	3696	4396
文教、工美、体育和娱乐用品制造业	11946	3767	2056	8079	8803
石油加工、炼焦和核燃料加工业	23086	4453	7711	9756	12341
化学原料和化学制品制造业	72916	15597	21694	44751	49988
医药制造业	85775	41822	36934	67792	63518
化学纤维制造业	23502	5965	3925	15753	16155
橡胶和塑料制品业	40020	9357	7834	27935	30095
非金属矿物制品业	40704	7139	9018	27885	27714
黑色金属冶炼和压延加工业	118646	14360	32823	58120	70687
有色金属冶炼和压延加工业	54646	7373	13770	29951	36020
金属制品业	38281	6687	8682	25030	27924
通用设备制造业	87138	14481	32419	64007	65543
专用设备制造业	88834	16049	37592	69887	61537
汽车制造业	217693	36725	90390	177269	164909
铁路、船舶、航空航天和其他运输设备制造业	89519	21106	40760	69168	64659
电气机械和器材制造业	192107	39567	60766	147420	144143
计算机、通信和其他电子设备制造业	607050	135946	209397	492907	481294
仪器仪表制造业	26877	5266	11867	20041	18890
其他制造业	9442	2556	4063	6734	5619
废弃资源综合利用业	767	253	149	393	433
金属制品、机械和设备修理业	5027	686	2152	3307	3557
电力、热力、燃气及水生产和供应业	**35579**	**7615**	**17280**	**15108**	**18225**
电力、热力生产和供应业	30421	6365	15671	12647	14574
燃气生产和供应业	3091	727	960	1403	2153
水的生产和供应业	2067	523	649	1058	1498

2-3-6 分行业中型工业企业R&D人员情况

行业	R&D人员(人)	#女性	#研究人员	#全时人员	R&D人员折合全时当量(人年)
合计	**1531395**	**354886**	**395578**	**1049756**	**1071060**
采矿业	**31162**	**2293**	**5884**	**13201**	**16895**
煤炭开采和洗选业	19550	763	3011	7121	10197
石油和天然气开采业	1065	350	592	812	661
黑色金属矿采选业	3319	325	565	1793	1739
有色金属矿采选业	4396	477	1043	2030	2578
非金属矿采选业	2064	302	354	1090	1284
开采及其他辅助性活动	700	70	298	294	406
制造业	**1482422**	**350029**	**383427**	**1028275**	**1043511**
农副食品加工业	25203	8238	5708	17096	16218
食品制造业	25284	9924	5666	15256	16246
酒、饮料和精制茶制造业	8814	2519	1897	4884	5267
烟草制品业	967	188	354	558	594
纺织业	57662	22081	8738	35219	39472
纺织服装、服饰业	24654	12877	3900	17611	17780
皮革、毛皮、羽毛及其制品和制鞋业	20056	7882	2308	15067	14654
木材加工和木、竹、藤、棕、草制品业	6837	1803	1171	4499	4874
家具制造业	15434	3926	2342	10380	11673
造纸和纸制品业	17628	3968	2387	11159	11738
印刷和记录媒介复制业	15599	4215	2476	9962	10864
文教、工美、体育和娱乐用品制造业	23473	7400	3796	17073	17051
石油加工、炼焦和核燃料加工业	11323	1841	1936	4951	6088
化学原料和化学制品制造业	92315	22663	26261	63239	64637
医药制造业	79550	38226	30679	58503	54615
化学纤维制造业	7322	1800	1280	4779	5208
橡胶和塑料制品业	51432	11294	9041	35297	36998
非金属矿物制品业	78444	14376	13991	46587	50868
黑色金属冶炼和压延加工业	17424	2106	3111	9313	11360
有色金属冶炼和压延加工业	32533	5121	6807	19378	20983
金属制品业	69970	11900	14362	47150	50285
通用设备制造业	119044	19591	35188	84789	86086
专用设备制造业	108673	19906	35185	79542	77663
汽车制造业	110690	18069	29988	78273	79734
铁路、船舶、航空航天和其他运输设备制造业	39266	7004	13653	28606	27387
电气机械和器材制造业	150588	32053	38787	106238	108764
计算机、通信和其他电子设备制造业	216969	49524	63497	161879	156987
仪器仪表制造业	44432	7440	16288	34009	31860
其他制造业	5244	1323	1195	3903	3885
废弃资源综合利用业	2966	532	754	1609	1895
金属制品、机械和设备修理业	2626	239	681	1466	1778
电力、热力、燃气及水生产和供应业	**17811**	**2564**	**6267**	**8280**	**10654**
电力、热力生产和供应业	12707	1532	4598	5173	7346
燃气生产和供应业	2922	482	776	1618	2007
水的生产和供应业	2182	550	893	1489	1301

2-3-7 分行业国有及国有控股工业企业R&D人员情况

行业	R&D人员(人)	#女性	#研究人员	#全时人员	R&D人员折合全时当量(人年)
合计	**1040991**	**201343**	**415053**	**671412**	**681828**
采矿业	**133156**	**15674**	**45216**	**61904**	**73653**
煤炭开采和洗选业	71365	2647	18656	22839	36914
石油和天然气开采业	30419	9199	14945	22792	17937
黑色金属矿采选业	4396	524	1442	2169	2509
有色金属矿采选业	7754	733	2015	3347	4929
非金属矿采选业	3057	468	800	1733	1970
开采及其他辅助性活动	16097	2097	7337	8963	9363
制造业	**846909**	**174687**	**342744**	**582963**	**575948**
农副食品加工业	3721	1082	986	2181	2132
食品制造业	6664	2282	1929	3635	4113
酒、饮料和精制茶制造业	10912	3087	3427	6130	6369
烟草制品业	7125	1794	3151	3242	4523
纺织业	5528	2597	1094	3800	3401
纺织服装、服饰业	1448	704	272	1031	1009
皮革、毛皮、羽毛及其制品和制鞋业	465	111	67	262	277
木材加工和木、竹、藤、棕、草制品业	747	115	159	496	391
家具制造业	803	198	382	697	649
造纸和纸制品业	4310	1014	987	2715	2959
印刷和记录媒介复制业	4464	1208	1107	2463	2555
文教、工美、体育和娱乐用品制造业	1357	375	271	872	964
石油加工、炼焦和核燃料加工业	19901	4136	7430	8223	10622
化学原料和化学制品制造业	60196	11502	20318	36693	39450
医药制造业	26338	13378	10687	18845	18890
化学纤维制造业	7430	1661	2017	5793	4547
橡胶和塑料制品业	8855	1961	2313	5681	6200
非金属矿物制品业	39365	5916	8558	18471	22296
黑色金属冶炼和压延加工业	55300	7551	22229	29866	32925
有色金属冶炼和压延加工业	46920	6319	13346	23305	29924
金属制品业	20826	3430	7766	13283	13812
通用设备制造业	54318	9989	23479	38985	38787
专用设备制造业	53335	8984	23832	38796	35306
汽车制造业	109652	20034	51553	88392	78491
铁路、船舶、航空航天和其他运输设备制造业	90961	21211	43731	69947	65526
电气机械和器材制造业	36362	7294	15289	27443	25636
计算机、通信和其他电子设备制造业	137369	29775	61439	107796	103000
仪器仪表制造业	15368	3366	7424	12575	10590
其他制造业	8892	2405	4234	6616	5257
废弃资源综合利用业	1975	402	690	904	1184
金属制品、机械和设备修理业	6002	806	2577	3825	4164
电力、热力、燃气及水生产和供应业	**60926**	**10982**	**27093**	**26545**	**32227**
电力、热力生产和供应业	50323	8732	23628	20951	25496
燃气生产和供应业	4195	707	1299	1839	2572
水的生产和供应业	6408	1543	2166	3755	4159

2-3-8 分行业内资工业企业R&D人员情况

行 业	R&D人员（人）	#女性	#研究人员	#全时人员	R&D人员折合全时当量（人年）
合 计	**4914140**	**1075809**	**1356172**	**3413897**	**3430498**
采矿业	**162780**	**18739**	**49571**	**77248**	**90709**
煤炭开采和洗选业	84796	3220	19862	28120	43570
石油和天然气开采业	30495	9203	14960	22842	17988
黑色金属矿采选业	9371	1242	2439	5264	5428
有色金属矿采选业	11259	1244	2633	5398	7240
非金属矿采选业	10134	1646	2169	6260	6749
开采及其他辅助性活动	16646	2176	7484	9293	9694
制造业	**4677949**	**1044087**	**1276742**	**3301636**	**3299172**
农副食品加工业	87737	26970	20280	57736	56849
食品制造业	66486	24711	16209	45050	43974
酒、饮料和精制茶制造业	32987	9709	8856	19716	19282
烟草制品业	7583	1922	3234	3600	4768
纺织业	133331	49740	21733	82574	90553
纺织服装、服饰业	50560	23951	8648	35048	36487
皮革、毛皮、羽毛及其制品和制鞋业	48811	17924	6400	34511	35610
木材加工和木、竹、藤、棕、草制品业	34349	8250	6484	21811	23343
家具制造业	46755	11652	8433	32664	33918
造纸和纸制品业	45884	10190	6834	29500	31413
印刷和记录媒介复制业	42305	10920	7796	27346	29230
文教、工美、体育和娱乐用品制造业	55583	17029	10616	38400	39618
石油加工、炼焦和核燃料加工业	38128	7299	10428	17751	20970
化学原料和化学制品制造业	277939	64987	75345	186429	192888
医药制造业	200385	93606	73436	147490	138610
化学纤维制造业	35944	9292	6626	24680	25139
橡胶和塑料制品业	168561	37794	30551	114356	119301
非金属矿物制品业	254405	48954	50392	160788	165799
黑色金属冶炼和压延加工业	144795	18607	38185	74589	89284
有色金属冶炼和压延加工业	121283	18996	27207	72099	80750
金属制品业	231885	41465	46887	155376	163067
通用设备制造业	370453	58982	101750	261719	264988
专用设备制造业	344471	58561	110357	256001	242062
汽车制造业	291457	51252	87588	215566	207101
铁路、船舶、航空航天和其他运输设备制造业	151962	31609	59713	113157	107601
电气机械和器材制造业	468240	97480	124059	344717	339644
计算机、通信和其他电子设备制造业	760555	161976	251069	605219	580796
仪器仪表制造业	121413	21003	44793	94080	86836
其他制造业	21026	5383	6788	15165	13922
废弃资源综合利用业	14480	2897	3281	9099	9418
金属制品、机械和设备修理业	8196	976	2764	5399	5953
电力、热力、燃气及水生产和供应业	**73411**	**12983**	**29859**	**35013**	**40616**
电力、热力生产和供应业	58660	9927	25265	26552	30965
燃气生产和供应业	6195	1014	1813	3123	3967
水的生产和供应业	8556	2042	2781	5338	5685

2-3-9 分行业港澳台商投资工业企业R&D人员情况

行业	R&D人员（人）	#女性	#研究人员	#全时人员	R&D人员折合全时当量（人年）
合计	**538029**	**130538**	**140651**	**400275**	**402088**
采矿业	**3113**	**365**	**1103**	**1671**	**1623**
煤炭开采和洗选业	1283	37	377	355	669
石油和天然气开采业	1094	250	590	901	557
黑色金属矿采选业	278	38	18	109	139
有色金属矿采选业	308	31	57	182	199
非金属矿采选业	49	8	11	33	22
开采及其他辅助性活动	101	1	50	91	38
制造业	**529356**	**129176**	**137799**	**395991**	**397212**
农副食品加工业	4205	1403	878	2813	2756
食品制造业	6477	2592	1605	4182	4805
酒、饮料和精制茶制造业	2978	694	543	1248	1452
烟草制品业	137	38	60	107	98
纺织业	18411	7390	2955	12313	14066
纺织服装、服饰业	12097	6018	1612	7734	8646
皮革、毛皮、羽毛及其制品和制鞋业	9414	4101	1204	6914	6926
木材加工和木、竹、藤、棕、草制品业	873	333	160	608	576
家具制造业	5447	1367	738	4243	4162
造纸和纸制品业	9584	1720	1449	7115	6916
印刷和记录媒介复制业	6050	1818	910	3489	4345
文教、工美、体育和娱乐用品制造业	12305	4058	1628	8669	8942
石油加工、炼焦和核燃料加工业	1352	264	431	658	871
化学原料和化学制品制造业	17935	4850	4846	12616	12847
医药制造业	24672	11777	10494	18940	17923
化学纤维制造业	4637	1078	617	2682	3225
橡胶和塑料制品业	25632	6085	3996	18289	18829
非金属矿物制品业	13131	2084	2543	9034	9168
黑色金属冶炼和压延加工业	6546	661	1185	4251	4329
有色金属冶炼和压延加工业	5273	848	974	3575	3427
金属制品业	18036	3045	2852	12117	13129
通用设备制造业	24224	4078	7147	17762	18259
专用设备制造业	26465	5208	8576	20100	18518
汽车制造业	59049	6602	22978	50389	49819
铁路、船舶、航空航天和其他运输设备制造业	6376	1221	2352	4861	4468
电气机械和器材制造业	46630	10586	11098	33934	35694
计算机、通信和其他电子设备制造业	147921	36617	40188	117966	113543
仪器仪表制造业	10075	1979	2979	6974	7138
其他制造业	1815	466	208	1184	1245
废弃资源综合利用业	502	126	173	366	333
金属制品、机械和设备修理业	1107	69	420	858	759
电力、热力、燃气及水生产和供应业	**5560**	**997**	**1749**	**2613**	**3253**
电力、热力生产和供应业	2016	200	710	909	1089
燃气生产和供应业	2765	600	753	1253	1693
水的生产和供应业	779	197	286	451	471

2-3-10 分行业外商投资工业企业R&D人员情况

行 业	R&D人员（人）	#女性	#研究人员	#全时人员	R&D人员折合全时当量（人年）
合 计	**535989**	**131258**	**168572**	**375945**	**382081**
采矿业	**3400**	**233**	**596**	**1048**	**1383**
煤炭开采和洗选业	2412	87	283	274	821
石油和天然气开采业	271	66	152	227	180
黑色金属矿采选业	209	16	13	175	21
有色金属矿采选业	273	29	61	183	193
非金属矿采选业	187	29	61	148	145
开采及其他辅助性活动	48	6	26	41	24
制造业	**528404**	**130420**	**166715**	**372405**	**377834**
农副食品加工业	8754	2442	1666	3947	5130
食品制造业	11320	4379	2296	4637	6446
酒、饮料和精制茶制造业	3638	866	621	1168	1852
烟草制品业					
纺织业	7122	2569	1211	4471	4963
纺织服装、服饰业	5330	3006	749	3248	3803
皮革、毛皮、羽毛及其制品和制鞋业	5897	2671	830	4704	4468
木材加工和木、竹、藤、棕、草制品业	756	171	165	465	496
家具制造业	3359	1037	428	2397	2751
造纸和纸制品业	4362	1054	807	3060	2918
印刷和记录媒介复制业	3124	1043	585	1909	2101
文教、工美、体育和娱乐用品制造业	4554	1326	709	3312	3300
石油加工、炼焦和核燃料加工业	1065	198	333	419	623
化学原料和化学制品制造业	20189	5490	6584	14287	14539
医药制造业	24727	12238	10999	20441	18755
化学纤维制造业	2813	857	381	1503	1717
橡胶和塑料制品业	16145	3572	3584	10690	11573
非金属矿物制品业	9919	1821	2342	5955	6781
黑色金属冶炼和压延加工业	5031	440	792	1562	2673
有色金属冶炼和压延加工业	4888	1029	1390	2962	3255
金属制品业	13339	2292	2772	8774	9662
通用设备制造业	45067	7637	14653	31717	33073
专用设备制造业	32669	6480	11547	24821	23017
汽车制造业	96591	18058	36380	73504	69886
铁路、船舶、航空航天和其他运输设备制造业	9726	1916	3243	7373	6872
电气机械和器材制造业	42955	10050	13362	29999	30629
计算机、通信和其他电子设备制造业	132756	35374	43716	96559	97858
仪器仪表制造业	9923	1907	3875	7327	7250
其他制造业	1109	303	226	841	872
废弃资源综合利用业	248	58	81	140	184
金属制品、机械和设备修理业	1028	136	388	213	387
电力、热力、燃气及水生产和供应业	**4185**	**605**	**1261**	**2492**	**2863**
电力、热力生产和供应业	1062	74	400	602	678
燃气生产和供应业	2641	409	673	1578	1858
水的生产和供应业	482	122	188	312	328

2-3-11 各地区工业企业R&D人员情况

地　　区	R&D人员(人)	#女性	#研究人员	#全时人员	R&D人员折合全时当量(人年)
全　　国	**5988158**	**1337605**	**1665395**	**4190117**	**4214666**
东部地区	3925280	890456	1054313	2818754	2854081
中部地区	1220033	258667	339476	835774	840168
西部地区	682489	150655	210945	426800	419134
东北地区	160356	37827	60661	108789	101283
北　　京	79152	22773	34034	59980	53459
天　　津	76666	18631	26362	53524	51110
河　　北	171074	36916	46268	113529	111333
山　　西	68614	10393	17629	38158	40034
内 蒙 古	47260	7799	11883	22345	24931
辽　　宁	102617	22988	37374	67497	67503
吉　　林	26019	6755	11670	21182	15297
黑 龙 江	31720	8084	11617	20110	18483
上　　海	143267	34523	55825	110426	100972
江　　苏	913586	211324	265330	633294	655930
浙　　江	672916	150637	138297	449308	519168
安　　徽	260535	51805	69448	168393	180814
福　　建	264758	67446	64683	205892	193782
江　　西	140158	31226	30222	98889	101018
山　　东	570860	136448	148343	403926	391781
河　　南	262823	57612	71657	182489	175486
湖　　北	242588	55550	73877	168885	168695
湖　　南	245315	52081	76643	178960	174121
广　　东	1026944	209513	273233	784835	772585
广　　西	66928	15513	16893	38670	37341
海　　南	6057	2245	1938	4040	3961
重　　庆	123872	27795	38910	90630	83623
四　　川	187210	43121	60489	128829	117859
贵　　州	49531	10138	13616	25683	29129
云　　南	44077	9091	10228	22007	27950
西　　藏	642	161	193	298	173
陕　　西	94541	22648	38396	66101	60713
甘　　肃	23935	5314	9064	12842	14487
青　　海	3957	1004	1410	1812	1878
宁　　夏	20476	4414	4673	8761	10804
新　　疆	20060	3657	5190	8822	10248

2-3-12 各地区大型工业企业R&D人员情况

地 区	R&D人员(人)	#女性	#研究人员	#全时人员	R&D人员折合全时当量(人年)
全 国	**2150885**	**467647**	**724565**	**1540372**	**1549675**
东部地区	1375395	306159	452913	1020394	1033539
中部地区	412960	82460	131281	286485	292125
西部地区	286550	61716	105638	180447	177687
东北地区	75980	17312	34733	53046	46324
北 京	33030	9265	14386	24098	23263
天 津	29013	6668	10572	18702	19591
河 北	75049	14793	24536	50850	50607
山 西	39397	5536	11503	22415	23599
内 蒙 古	25941	4163	7066	13092	13589
辽 宁	40072	8742	18474	26804	25745
吉 林	16311	3694	8263	14263	9862
黑 龙 江	19597	4876	7996	11979	10718
上 海	54189	13976	25599	43430	39897
江 苏	253702	58077	83062	179059	185552
浙 江	168001	38970	49362	113675	128150
安 徽	85717	15315	26115	54304	58860
福 建	87506	21593	26310	69651	65397
江 西	44125	9770	10818	30441	31244
山 东	190164	45804	61097	137840	138771
河 南	100245	18709	31026	70020	69322
湖 北	78281	18848	29149	59519	59509
湖 南	65195	14282	22670	49786	49592
广 东	482392	96245	157239	381565	380806
广 西	26012	5204	8863	14326	12757
海 南	2349	768	750	1524	1505
重 庆	44534	10275	17314	34838	31417
四 川	74254	16921	28248	51645	48501
贵 州	20249	4393	6098	9080	11048
云 南	15864	2653	3897	7417	10727
西 藏	94	15	52	78	31
陕 西	47687	11645	22322	34768	31475
甘 肃	12887	2747	5730	6763	8179
青 海	2608	620	1020	1193	1278
宁 夏	5155	903	1447	2092	2674
新 疆	11265	2177	3581	5155	6011

2-3-13 各地区中型工业企业R&D人员情况

地　区	R&D人员（人）	#女性	#研究人员	#全时人员	R&D人员折合全时当量（人年）
全　国	**1531395**	**354886**	**395578**	**1049756**	**1071060**
东部地区	1018874	241949	256115	719755	733893
中部地区	297046	64624	78132	197750	202176
西部地区	180699	39674	50100	108996	111456
东北地区	34776	8639	11231	23255	23535
北　京	23455	7238	10466	18157	15377
天　津	20166	5606	7172	14992	13311
河　北	34530	8010	7900	21558	21653
山　西	18134	2626	3682	8548	10021
内蒙古	13432	2147	2968	5723	7163
辽　宁	25803	5935	8020	17099	17805
吉　林	4832	1559	1826	3461	2897
黑龙江	4141	1145	1385	2695	2833
上　海	37743	9430	13996	29136	26479
江　苏	233717	55912	67857	162043	170128
浙　江	197472	44910	38767	133401	154002
安　徽	62822	12653	16588	40812	44821
福　建	73346	20286	16870	56656	52951
江　西	34017	7457	7067	24000	24265
山　东	140447	34265	35276	97046	93686
河　南	61049	14945	15925	40984	40262
湖　北	60778	14558	16531	40375	40528
湖　南	60246	12385	18339	43031	42280
广　东	256014	55461	57054	185483	185069
广　西	18070	4369	3690	9957	10639
海　南	1984	831	757	1283	1238
重　庆	37779	8417	10821	26453	25559
四　川	47024	11332	14410	32609	29703
贵　州	14821	2669	4137	7943	9432
云　南	11269	2364	2677	5206	6723
西　藏	408	103	82	121	41
陕　西	21041	4859	7380	13833	13599
甘　肃	4509	935	1457	2458	2708
青　海	590	138	183	267	281
宁　夏	7304	1609	1450	2753	3519
新　疆	4452	732	845	1673	2090

2-3-14 各地区国有及国有控股工业企业R&D人员情况

地　区	R&D人员(人)	#女性	#研究人员	#全时人员	R&D人员折合全时当量(人年)
全　国	**1040991**	**201343**	**415053**	**671412**	**681828**
东部地区	426671	85374	172429	283214	291495
中部地区	287786	49041	107327	185957	192325
西部地区	264508	52858	106144	157713	160443
东北地区	62026	14070	29153	44528	37565
北　京	31854	8257	13769	21818	20276
天　津	17991	4104	8176	11465	11218
河　北	32474	7130	12889	18806	20048
山　西	36308	4981	12424	19131	20948
内蒙古	17369	2364	6363	5966	9178
辽　宁	28845	6372	13575	19929	18779
吉　林	14778	3379	7642	12789	8370
黑龙江	18403	4319	7936	11810	10416
上　海	41055	9329	19438	30508	30588
江　苏	73709	13581	30019	49025	49901
浙　江	16460	2913	5394	10094	11885
安　徽	59669	8224	19276	30677	37074
福　建	28337	5172	11699	19882	20109
江　西	21655	3589	7018	14903	15376
山　东	106668	19613	38850	72633	75400
河　南	66522	11480	24761	44698	42503
湖　北	60133	13312	25991	46219	44866
湖　南	43499	7455	17857	30329	31558
广　东	77256	15065	31784	48703	51616
广　西	22285	4234	8642	13051	10617
海　南	867	210	411	280	453
重　庆	35655	7188	15119	26542	24729
四　川	61485	12203	25505	42055	38987
贵　州	23937	4779	8593	11525	14338
云　南	17322	2892	5594	7274	11112
西　藏	473	91	121	166	57
陕　西	51916	12329	23447	34993	32488
甘　肃	16113	3512	6955	8376	10023
青　海	2473	587	1025	1213	1281
宁　夏	3730	666	1403	1371	1900
新　疆	11750	2013	3377	5181	5733

2-3-15 各地区内资工业企业R&D人员情况

地区	R&D人员(人)	#女性	#研究人员	#全时人员	R&D人员折合全时当量(人年)
全国	**4914140**	**1075809**	**1356172**	**3413897**	**3430498**
东部地区	3038971	671694	800925	2173140	2198758
中部地区	1116629	235827	311512	763730	766470
西部地区	624049	136614	193076	386583	380289
东北地区	134491	31674	50659	90444	84981
北京	58578	16186	25083	44216	38552
天津	59102	13971	19971	41498	39326
河北	137889	30451	34742	89104	86839
山西	65884	10053	17036	37391	38890
内蒙古	44626	7143	11160	20709	23167
辽宁	82833	18216	30080	54244	54606
吉林	20955	5655	9318	16779	12448
黑龙江	30703	7803	11261	19421	17927
上海	89259	20864	32385	67907	61349
江苏	690729	153153	197774	474440	491842
浙江	561401	124095	106742	374668	432050
安徽	239377	47119	62720	153703	165461
福建	199285	49211	49426	153703	144969
江西	126803	27681	27189	89460	91664
山东	506288	118144	129195	356993	347880
河南	242129	52758	66745	170277	160981
湖北	219417	51084	66702	151734	151764
湖南	223019	47132	71120	161165	157711
广东	731235	143557	203945	567160	552413
广西	57153	13373	14018	31724	30850
海南	5205	2062	1662	3451	3539
重庆	108554	23697	34110	78735	73614
四川	172996	39761	56780	119792	108563
贵州	47081	9785	13239	24721	28069
云南	42399	8607	9800	21126	26883
西藏	638	158	192	296	169
陕西	84227	20009	33885	58166	52681
甘肃	23618	5269	8983	12658	14310
青海	3766	964	1372	1792	1813
宁夏	19738	4302	4484	8249	10293
新疆	19253	3546	5053	8615	9876

2-3-16 各地区港澳台商投资工业企业R&D人员情况

地 区	R&D人员（人）	#女性	#研究人员	#全时人员	R&D人员折合全时当量（人年）
全 国	**538029**	**130538**	**140651**	**400275**	**402088**
东部地区	465617	113842	122906	348488	350074
中部地区	48705	11331	11597	35912	36490
西部地区	18784	4051	4553	12554	12268
东北地区	4923	1314	1595	3321	3256
北 京	8784	2896	4210	7442	6994
天 津	5703	1463	1766	3846	3978
河 北	20192	3995	7963	16356	16534
山 西	350	102	86	192	170
内 蒙 古	1409	245	307	861	1035
辽 宁	4068	1111	1293	2639	2819
吉 林	480	73	143	419	203
黑 龙 江	375	130	159	263	234
上 海	14784	3887	5692	11385	11166
江 苏	99704	26780	29378	72100	72074
浙 江	55062	12603	14582	39628	43417
安 徽	9037	2205	2868	6400	6444
福 建	39415	10834	8599	31739	29993
江 西	5764	1779	952	3811	4107
山 东	28018	7282	7721	20107	18559
河 南	8857	2039	2269	6396	6967
湖 北	8726	1486	2306	6094	6569
湖 南	15971	3720	3116	13019	12232
广 东	193293	43977	42766	145433	147065
广 西	2154	509	252	1108	1344
海 南	662	125	229	452	295
重 庆	6343	1651	1760	5237	4498
四 川	5743	1103	1547	3612	3402
贵 州	961	67	107	331	460
云 南	746	181	227	440	539
西 藏					
陕 西	853	254	264	591	634
甘 肃	123	3	23	65	70
青 海					
宁 夏	280	22	45	234	237
新 疆	172	16	21	75	49

2-3-17 各地区外商投资工业企业R&D人员情况

地区	R&D人员(人)	#女性	#研究人员	#全时人员	R&D人员折合全时当量(人年)
全国	**535989**	**131258**	**168572**	**375945**	**382081**
东部地区	420692	104920	130482	297126	305249
中部地区	54699	11509	16367	36132	37208
西部地区	39656	9990	13316	27663	26577
东北地区	20942	4839	8407	15024	13047
北京	11790	3691	4741	8322	7913
天津	11861	3197	4625	8180	7805
河北	12993	2470	3563	8069	7961
山西	2380	238	507	575	975
内蒙古	1225	411	416	775	729
辽宁	15716	3661	6001	10614	10078
吉林	4584	1027	2209	3984	2645
黑龙江	642	151	197	426	323
上海	39224	9772	17748	31134	28457
江苏	123153	31391	38178	86754	92015
浙江	56453	13939	16973	35012	43702
安徽	12121	2481	3860	8290	8909
福建	26058	7401	6658	20450	18821
江西	7591	1766	2081	5618	5247
山东	36554	11022	11427	26826	25342
河南	11837	2815	2643	5816	7538
湖北	14445	2980	4869	11057	10362
湖南	6325	1229	2407	4776	4178
广东	102416	21979	26522	72242	73107
广西	7621	1631	2623	5838	5147
海南	190	58	47	137	127
重庆	8975	2447	3040	6658	5511
四川	8471	2257	2162	5425	5893
贵州	1489	286	270	631	599
云南	932	303	201	441	528
西藏	4	3	1	2	4
陕西	9461	2385	4247	7344	7398
甘肃	194	42	58	119	107
青海	191	40	38	20	65
宁夏	458	90	144	278	274
新疆	635	95	116	132	322

第二部分

工业企业研发活动情况

工业企业 R&D 经费支出情况

(2022)

2-4-1-1　分登记注册类型工业企业R&D经费内部支出情况

单位：万元

登记注册类型	R&D经费内部支出	日常性支出	#人员劳务费	资产性支出	#仪器和设备	#政府资金	#企业资金
合　计	**193617617**	**181757544**	**61598684**	**11860073**	**11528822**	**4828868**	**188512489**
国有及国有控股	**43923480**	**40792342**	**13614759**	**3131138**	**3049948**	**2933695**	**40935780**
内资企业	**156895666**	**147073315**	**48140719**	**9822352**	**9533581**	**4442280**	**152308717**
国有企业	2682047	2461259	912036	220788	211999	233675	2441188
集体企业	70668	66522	25670	4146	4007	120	70548
股份合作企业	121907	117379	34812	4528	4321	1085	120582
联营企业	43624	40917	12432	2707	2538	82	43525
有限责任公司	54988216	51302716	17236339	3685499	3572658	2450765	52456510
股份有限公司	25054443	23517655	8936036	1536788	1494871	1034649	24012065
私营企业	73758809	69396222	20938883	4362587	4237928	717138	72993112
其他企业	175954	170646	44511	5308	5260	4766	171188
港、澳、台商投资企业	**16037512**	**15181736**	**6106193**	**855776**	**837089**	**178066**	**15822770**
合资经营企业	5247641	4974718	1849006	272923	266722	92094	5153166
合作经营企业	120140	116547	25099	3593	3580	236	119903
港、澳、台商独资经营企业	7317136	6906955	2885725	410181	401417	50020	7233122
港、澳、台商投资股份有限公司	3032263	2890740	1271222	141523	138101	30793	3001443
其他港、澳、台投资企业	320332	292777	75141	27555	27269	4923	315135
外商投资企业	**20684440**	**19502494**	**7351773**	**1181946**	**1158152**	**208522**	**20381003**
中外合资经营企业	9203225	8750555	2676416	452670	444071	83023	9091492
中外合作经营企业	132555	124206	48311	8349	7994	452	132103
外资企业	9010523	8460455	3831635	550068	539222	54460	8894425
外商投资股份有限公司	2103496	1975360	723014	128136	124247	57114	2041822
其他外商投资企业	234641	191918	72397	42722	42618	13473	221161

2-4-1-2 分登记注册类型大型工业企业R&D经费内部支出情况

单位：万元

登记注册类型	R&D经费内部支出	日常性支出	#人员劳务费	资产性支出	#仪器和设备	#政府资金	#企业资金
合 计	**90816575**	**84961041**	**31057247**	**5855534**	**5687179**	**3226864**	**87447012**
国有及国有控股	**31786435**	**29378713**	**10083128**	**2407722**	**2345804**	**2498483**	**29250270**
内资企业	**68146852**	**63566667**	**22852406**	**4580184**	**4436263**	**3018710**	**65051248**
国有企业	1739839	1599744	634674	140095	133252	188457	1545174
集体企业	27990	26892	12751	1098	1077		27990
股份合作企业	49306	48892	12716	414	373	470	48810
联营企业	7271	6088	2690	1183	1183		7271
有限责任公司	32271980	30060984	10915979	2210997	2135537	1878389	30334492
股份有限公司	17655909	16576975	6345926	1078934	1048571	808470	16845516
私营企业	16283875	15138434	4899530	1145441	1114249	138339	16135899
其他企业	110682	108659	28140	2024	2020	4586	106097
港、澳、台商投资企业	**9785638**	**9232281**	**3869620**	**553357**	**542945**	**120709**	**9638660**
合资经营企业	3066917	2900281	1099587	166637	162929	75388	2990724
合作经营企业	36782	35936	7331	846	838		36782
港、澳、台商独资经营企业	4170491	3904276	1741185	266215	261410	31459	4113566
港、澳、台商投资股份有限公司	2315251	2213740	991986	101511	99674	10971	2304280
其他港、澳、台投资企业	196197	178048	29531	18149	18094	2890	193307
外商投资企业	**12884085**	**12162093**	**4335221**	**721992**	**707972**	**87446**	**12757104**
中外合资经营企业	6035520	5766259	1563841	269262	263837	27125	5991751
中外合作经营企业	71765	66158	22147	5607	5333	365	71400
外资企业	5181030	4836377	2214350	344653	339225	36031	5122226
外商投资股份有限公司	1479795	1415948	510847	63847	60975	23823	1455854
其他外商投资企业	115975	77351	24036	38624	38603	102	115873

2-4-1-3 分登记注册类型中型工业企业R&D经费内部支出情况

单位：万元

登记注册类型	R&D经费内部支出	日常性支出	#人员劳务费	资产性支出	#仪器和设备	#政府资金	#企业资金
合　计	**44869385**	**42080787**	**14210237**	**2788598**	**2715666**	**865052**	**43927062**
国有及国有控股	**7891736**	**7434381**	**2296052**	**457355**	**445388**	**286135**	**7592918**
内资企业	**36429684**	**34106697**	**11021911**	**2322986**	**2261654**	**774328**	**35622631**
国有企业	646400	585319	184700	61081	59572	38470	606977
集体企业	7997	7417	3318	581	531	66	7931
股份合作企业	24049	21808	7485	2241	2207	89	23960
联营企业	25409	24413	6651	996	916		25409
有限责任公司	12389496	11602928	3411515	786569	767071	376218	11999089
股份有限公司	5126320	4823240	1823331	303080	294317	163120	4960975
私营企业	18198067	17029856	5578961	1168212	1136854	196185	17986525
其他企业	11945	11717	5950	227	187	180	11765
港、澳、台商投资企业	**3845644**	**3651232**	**1412106**	**194412**	**189399**	**38470**	**3799864**
合资经营企业	1303226	1243512	461443	59714	58528	10864	1291188
合作经营企业	37579	37342	6844	237	235		37579
港、澳、台商独资经营企业	1906424	1808882	718037	97542	95399	13016	1887306
港、澳、台商投资股份有限公司	523970	491496	196902	32474	30975	12989	510954
其他港、澳、台投资企业	74446	70001	28880	4445	4262	1600	72838
外商投资企业	**4594057**	**4322857**	**1776219**	**271200**	**264613**	**52255**	**4504566**
中外合资经营企业	1872817	1767286	666777	105530	103420	23654	1838718
中外合作经营企业	33647	31672	15977	1975	1972	67	33579
外资企业	2206747	2093731	933063	113016	109520	7515	2176879
外商投资股份有限公司	417124	369114	140535	48010	47056	20906	391779
其他外商投资企业	63723	61054	19867	2669	2646	112	63611

2-4-1-4 分行业工业企业R&D经费内部支出情况

单位：万元

行业	R&D经费内部支出	日常性支出	#人员劳务费	资产性支出	#仪器和设备	#政府资金	#企业资金
合计	**193617617**	**181757544**	**61598684**	**11860073**	**11528822**	**4828868**	**188512489**
采矿业	**4659528**	**4508129**	**1508827**	**151399**	**136589**	**45132**	**4612991**
煤炭开采和洗选业	1826304	1760761	622391	65544	59420	10709	1815401
石油和天然气开采业	1217695	1197234	520776	20461	17007	25584	1191789
黑色金属矿采选业	440569	415893	78778	24676	21578	1076	439492
有色金属矿采选业	355531	342053	85472	13479	12827	4164	351368
非金属矿采选业	322180	310358	55717	11822	11036	2045	320088
开采及其他辅助性活动	495374	479956	144871	15418	14722	1555	492980
制造业	**186195866**	**174750049**	**59350304**	**11445818**	**11140604**	**4763614**	**181158729**
农副食品加工业	3459989	3341297	551743	118691	114013	37506	3420389
食品制造业	1648082	1555982	545660	92100	87774	38399	1608025
酒、饮料和精制茶制造业	677292	631872	230412	45421	43106	13652	663444
烟草制品业	258413	241807	151263	16606	15673	771	256922
纺织业	2462512	2246442	810848	216069	211069	19081	2442342
纺织服装、服饰业	1178195	1143769	370266	34426	32989	8375	1169161
皮革、毛皮、羽毛及其制品和制鞋业	1170428	1142008	337645	28420	27459	4578	1165709
木材加工和木、竹、藤、棕、草制品业	959709	925154	169663	34555	33356	4591	954305
家具制造业	1017965	984207	352644	33758	32738	10561	1007218
造纸和纸制品业	1384317	1304897	379523	79420	78027	10474	1373762
印刷和记录媒介复制业	1117058	1059157	330497	57901	55920	5897	1110216
文教、工美、体育和娱乐用品制造业	1059364	1004253	417414	55111	53166	8818	1049437
石油加工、炼焦和核燃料加工业	1706481	1547684	330649	158797	152908	27838	1678078
化学原料和化学制品制造业	10048609	9328548	2934826	720061	697861	192418	9845359
医药制造业	10488868	9684975	2709052	803893	786486	204905	10243915
化学纤维制造业	1709805	1566146	302359	143659	142225	19783	1689819
橡胶和塑料制品业	5354683	5044782	1485043	309901	301258	35900	5312542
非金属矿物制品业	6287193	5671532	1668128	615661	598199	57045	6226406
黑色金属冶炼和压延加工业	8164445	7770563	1154821	393882	386628	43479	8120019
有色金属冶炼和压延加工业	5051135	4789493	861443	261642	254809	119953	4925902
金属制品业	7574737	7151294	1722845	423443	414063	109800	7460128
通用设备制造业	11905883	11244503	4284931	661380	644734	292595	11580215
专用设备制造业	11500869	10948516	4370120	552354	536235	291165	11200148
汽车制造业	16516513	15828901	5772214	687612	666845	177064	16324090
铁路、船舶、航空航天和其他运输设备制造业	6332286	5946491	1950029	385795	376070	1428544	4885396
电气机械和器材制造业	20984935	19767050	5722182	1217885	1182445	170483	20789828
计算机、通信和其他电子设备制造业	40999337	38038875	17228868	2960462	2885354	1223793	39698812
仪器仪表制造业	3540924	3352665	1829397	188260	184071	101411	3433212
其他制造业	705026	599031	193889	105995	104663	96756	604881
废弃资源综合利用业	701637	666292	85270	35344	33667	4567	695071
金属制品、机械和设备修理业	229176	221862	96664	7315	6793	3414	223980
电力、热力、燃气及水生产和供应业	**2762223**	**2499366**	**739553**	**262857**	**251629**	**20123**	**2740770**
电力、热力生产和供应业	2179170	1949042	558305	230129	220973	16808	2161153
燃气生产和供应业	376111	357385	105021	18726	17078	682	375429
水的生产和供应业	206941	192939	76227	14002	13577	2633	204188

2-4-1-5　分行业大型工业企业R&D经费内部支出情况

单位：万元

行　业	R&D经费内部支出	日常性支出	#人员劳务费	资产性支出	#仪器和设备	#政府资金	#企业资金
合　计	**90816575**	**84961041**	**31057247**	**5855534**	**5687179**	**3226864**	**87447012**
采矿业	**3290289**	**3186263**	**1225711**	**104026**	**91734**	**38256**	**3250793**
煤炭开采和洗选业	1394989	1338534	497801	56455	50457	10033	1384839
石油和天然气开采业	1092003	1073187	498770	18816	15362	25495	1066185
黑色金属矿采选业	155111	145952	39834	9158	7268	579	154532
有色金属矿采选业	142527	137546	39342	4982	4543	1290	141237
非金属矿采选业	31802	31607	12561	195	180	626	31175
开采及其他辅助性活动	473857	459437	137403	14420	13924	232	472825
制造业	**86497942**	**80884028**	**29462227**	**5613914**	**5463556**	**3183577**	**83173841**
农副食品加工业	395869	378590	98329	17279	16213	2379	393483
食品制造业	443698	425731	149440	17967	16651	19584	423586
酒、饮料和精制茶制造业	300058	285900	131289	14159	12959	4995	295064
烟草制品业	223520	208499	133632	15020	14205	713	222086
纺织业	524991	480713	197065	44278	43216	2271	522635
纺织服装、服饰业	211440	209601	98466	1839	1708	1860	209580
皮革、毛皮、羽毛及其制品和制鞋业	291753	284821	121613	6932	6788	1438	290315
木材加工和木、竹、藤、棕、草制品业	36444	34168	14012	2276	2276	583	35861
家具制造业	342044	335665	146406	6379	6333	6140	335904
造纸和纸制品业	466784	452125	123751	14659	14566	4347	462438
印刷和记录媒介复制业	108411	104495	51385	3916	3835	90	108322
文教、工美、体育和娱乐用品制造业	190763	180327	90514	10436	10268	1640	188469
石油加工、炼焦和核燃料加工业	970954	847587	223334	123367	118879	24857	946066
化学原料和化学制品制造业	2941262	2659816	847072	281446	274483	100769	2835054
医药制造业	5039013	4646220	1196082	392794	385120	94894	4920120
化学纤维制造业	972402	882902	174789	89501	89000	5155	967247
橡胶和塑料制品业	1136184	1082903	364585	53281	51594	7837	1123534
非金属矿物制品业	1250893	1012949	321005	237944	233260	11713	1239121
黑色金属冶炼和压延加工业	6663425	6368508	920581	294917	290136	31752	6630833
有色金属冶炼和压延加工业	2164377	2052257	413986	112120	108304	60249	2099909
金属制品业	1272071	1194784	322845	77287	76093	51382	1219335
通用设备制造业	3358272	3152988	1301134	205284	200813	117134	3223683
专用设备制造业	3221435	3061073	1299743	160362	154213	100392	3119855
汽车制造业	10606668	10304503	3771682	302165	291147	121482	10479291
铁路、船舶、航空航天和其他运输设备制造业	4101314	3862562	1259402	238752	233507	1367339	2719688
电气机械和器材制造业	9956885	9275421	2807571	681465	659522	85314	9865009
计算机、通信和其他电子设备制造业	27867072	25825527	12249012	2041545	1984360	842424	26976542
仪器仪表制造业	853569	789321	486879	64248	63240	19962	833510
其他制造业	385474	287560	88408	97914	96782	92253	290813
废弃资源综合利用业	74110	74110	5015			39	74071
金属制品、机械和设备修理业	126787	122405	53201	4382	4088	2591	122420
电力、热力、燃气及水生产和供应业	**1028345**	**890751**	**369310**	**137594**	**131889**	**5032**	**1022378**
电力、热力生产和供应业	894724	761291	301426	133434	128427	4381	889409
燃气生产和供应业	105377	102541	53124	2836	2236		105377
水的生产和供应业	28243	26919	14760	1324	1226	651	27593

2-4-1-6 分行业中型工业企业R&D经费内部支出情况

单位：万元

行业	R&D经费内部支出	日常性支出	#人员劳务费	资产性支出	#仪器和设备	#政府资金	#企业资金
合计	**44869385**	**42080787**	**14210237**	**2788598**	**2715666**	**865052**	**43927062**
采矿业	**730411**	**712834**	**190756**	**17577**	**16724**	**5122**	**725289**
煤炭开采和洗选业	358645	352041	110955	6605	6555	619	358026
石油和天然气开采业	25044	25044	11978				25044
黑色金属矿采选业	152023	147007	23599	5017	4751	479	151544
有色金属矿采选业	120132	117193	28892	2939	2807	2613	117519
非金属矿采选业	55622	53579	9304	2044	1838	88	55534
开采及其他辅助性活动	17471	16497	5247	973	773	1322	16148
制造业	**43373548**	**40643933**	**13862533**	**2729616**	**2659862**	**851069**	**42445321**
农副食品加工业	820621	795741	150723	24880	24054	10518	809911
食品制造业	486358	460325	168281	26034	25182	7089	478840
酒、饮料和精制茶制造业	165738	147457	40414	18280	17791	3056	162682
烟草制品业	16613	15746	9986	866	848	40	16573
纺织业	860971	787547	295623	73424	71997	7362	852979
纺织服装、服饰业	423899	407374	142919	16525	15903	2889	421010
皮革、毛皮、羽毛及其制品和制鞋业	314830	306560	96682	8270	8002	782	313924
木材加工和木、竹、藤、棕、草制品业	175843	171992	36354	3850	3772	836	174952
家具制造业	251711	239166	94769	12545	12272	2377	249334
造纸和纸制品业	415489	381276	110266	34213	33710	2922	412567
印刷和记录媒介复制业	345471	329220	109481	16251	15814	902	344569
文教、工美、体育和娱乐用品制造业	315682	301034	138132	14649	14059	2600	312994
石油加工、炼焦和核燃料加工业	504182	485966	68987	18216	17044	1416	502766
化学原料和化学制品制造业	3210165	3006606	938544	203558	195513	46075	3161594
医药制造业	3066456	2812768	887327	253688	248346	69250	2984050
化学纤维制造业	316031	287507	56176	28524	28036	6217	309814
橡胶和塑料制品业	1297120	1204284	395041	92837	90952	10514	1286574
非金属矿物制品业	1845499	1723058	511361	122441	116864	16295	1829180
黑色金属冶炼和压延加工业	835248	757983	116176	77265	75519	7744	827504
有色金属冶炼和压延加工业	1388283	1324850	211581	63432	62462	37757	1349851
金属制品业	2330839	2182893	523745	147945	145799	35442	2295049
通用设备制造业	3174761	2996967	1205269	177794	173213	86718	3078010
专用设备制造业	3140803	2969801	1266746	171002	167515	84290	3054236
汽车制造业	3157077	2939778	1140497	217299	211645	21235	3130691
铁路、船舶、航空航天和其他运输设备制造业	1204099	1125144	387600	78955	75784	42432	1158945
电气机械和器材制造业	4954720	4682975	1375448	271744	264492	36573	4904187
计算机、通信和其他电子设备制造业	6987237	6496974	2729894	490263	479925	264700	6703280
仪器仪表制造业	1078624	1022779	568890	55845	54581	39677	1036124
其他制造业	117163	113917	45222	3246	3186	1460	114937
废弃资源综合利用业	124294	118821	19326	5472	5400	1296	121075
金属制品、机械和设备修理业	47727	47426	21075	301	184	605	47122
电力、热力、燃气及水生产和供应业	**765425**	**724020**	**156948**	**41406**	**39080**	**8861**	**756451**
电力、热力生产和供应业	638297	601511	112386	36786	34606	8138	630159
燃气生产和供应业	72845	71464	21480	1381	1282	1	72844
水的生产和供应业	54284	51045	23082	3239	3192	722	53448

2-4-1-7　分行业国有及国有控股工业企业R&D经费内部支出情况

单位：万元

行　业	R&D经费内部支出	日常性支出	#人员劳务费	资产性支出	#仪器和设备	#政府资金	#企业资金
合　计	**43923480**	**40792342**	**13614759**	**3131138**	**3049948**	**2933695**	**40935780**
采矿业	**3563251**	**3455721**	**1286169**	**107530**	**94962**	**37338**	**3524673**
煤炭开采和洗选业	1504624	1449068	536187	55556	49669	9508	1494998
石油和天然气开采业	1088329	1068907	482256	19422	16040	21291	1066715
黑色金属矿采选业	201512	192096	46920	9415	7472	704	200808
有色金属矿采选业	214493	206812	62433	7681	7164	3930	210562
非金属矿采选业	72958	72112	19391	846	693	792	72167
开采及其他辅助性活动	479861	465252	138201	14610	13924	1113	477949
制造业	**38349784**	**35542546**	**11752930**	**2807238**	**2747029**	**2879040**	**35419067**
农副食品加工业	105103	102207	20889	2896	2776	1447	103646
食品制造业	139278	134622	58576	4656	4363	6204	132745
酒、饮料和精制茶制造业	191835	183905	89709	7930	7649	4953	186882
烟草制品业	244439	228362	146667	16077	15148	771	242948
纺织业	74108	68253	21887	5854	5765	1354	72648
纺织服装、服饰业	20693	20339	6829	354	333	488	20205
皮革、毛皮、羽毛及其制品和制鞋业	9928	9218	3125	710	710		9928
木材加工和木、竹、藤、棕、草制品业	31941	31508	5151	433	431	31	31910
家具制造业	38873	38785	15331	88	78		38873
造纸和纸制品业	106078	99310	28540	6768	6738	615	105463
印刷和记录媒介复制业	79559	75843	31868	3716	3710	235	79323
文教、工美、体育和娱乐用品制造业	17312	16829	10110	483	476	27	17285
石油加工、炼焦和核燃料加工业	843565	727685	204283	115880	111751	25401	818133
化学原料和化学制品制造业	2224562	2031228	717167	193335	187159	95399	2121799
医药制造业	1044408	949930	299266	94478	93301	33875	1010420
化学纤维制造业	265428	243730	59357	21697	21382	8264	257164
橡胶和塑料制品业	265900	246772	74105	19128	18751	2252	263648
非金属矿物制品业	1056841	881908	278811	174932	170812	22939	1033534
黑色金属冶炼和压延加工业	3654569	3479832	530143	174737	172654	19821	3633908
有色金属冶炼和压延加工业	1770824	1716918	354055	53907	50673	73421	1693176
金属制品业	840435	790542	209117	49893	48489	70319	769098
通用设备制造业	2110238	1994329	789926	115909	114058	167610	1940361
专用设备制造业	1942752	1864546	621371	78207	73473	100236	1841494
汽车制造业	6831454	6682185	2111914	149269	142133	123179	6701897
铁路、船舶、航空航天和其他运输设备制造业	4121721	3863750	1254731	257970	252978	1406260	2701109
电气机械和器材制造业	1730811	1665966	509900	64845	62384	30602	1698437
计算机、通信和其他电子设备制造业	7435116	6390760	2849684	1044356	1031889	548547	6882963
仪器仪表制造业	565733	524142	283251	41591	41069	37897	527566
其他制造业	387890	289225	92503	98665	97561	93726	290990
废弃资源综合利用业	66341	62570	12803	3771	3690	398	64019
金属制品、机械和设备修理业	132050	127347	61862	4702	4648	2770	127497
电力、热力、燃气及水生产和供应业	**2010446**	**1794075**	**575660**	**216370**	**207957**	**17317**	**1992040**
电力、热力生产和供应业	1773456	1568764	477240	204692	196918	15891	1756597
燃气生产和供应业	109080	103121	49142	5960	5496	76	109005
水的生产和供应业	127910	122191	49278	5719	5543	1350	126439

2-4-1-8 分行业内资工业企业R&D经费内部支出情况

单位：万元

行业	R&D经费内部支出	日常性支出	#人员劳务费	资产性支出	#仪器和设备	#政府资金	#企业资金
合计	**156895666**	**147073315**	**48140719**	**9822352**	**9533581**	**4442280**	**152308717**
采矿业	**4417212**	**4275204**	**1433201**	**142008**	**127324**	**38838**	**4376969**
煤炭开采和洗选业	1748479	1688863	596918	59616	53521	8968	1739317
石油和天然气开采业	1099621	1080130	482677	19490	16108	21291	1078006
黑色金属矿采选业	423631	400648	77035	22984	19885	1076	422555
有色金属矿采选业	340306	327556	79711	12750	12123	4149	336157
非金属矿采选业	315608	303856	53943	11752	10965	2034	313525
开采及其他辅助性活动	487693	472276	142096	15417	14722	1320	485534
制造业	**150061186**	**140621558**	**46056794**	**9439629**	**9175729**	**4383868**	**145535274**
农副食品加工业	3032772	2924516	452127	108256	103800	35310	2995369
食品制造业	1262422	1183912	407439	78510	74460	29607	1231458
酒、饮料和精制茶制造业	584620	546665	192765	37956	35736	12952	571581
烟草制品业	256212	239617	150059	16595	15662	753	254739
纺织业	2037399	1849902	634985	187497	183335	18352	2018024
纺织服装、服饰业	897778	867903	255129	29875	28619	6604	890646
皮革、毛皮、羽毛及其制品和制鞋业	905981	880626	240832	25355	24475	3775	902065
木材加工和木、竹、藤、棕、草制品业	922669	889551	159485	33117	31931	4407	917554
家具制造业	869225	837762	292397	31463	30492	10364	858678
造纸和纸制品业	1021571	953436	260792	68135	66904	6724	1014766
印刷和记录媒介复制业	958526	905522	265945	53004	51319	5554	952051
文教、工美、体育和娱乐用品制造业	844097	800516	312340	43581	41976	6709	836988
石油加工、炼焦和核燃料加工业	1565460	1465204	306560	100257	95029	25410	1539485
化学原料和化学制品制造业	8848155	8221301	2472423	626854	607142	183289	8654940
医药制造业	7486824	6888661	1964197	598164	585157	163154	7312923
化学纤维制造业	1379306	1242101	251761	137205	136030	17290	1361812
橡胶和塑料制品业	4411356	4155359	1113717	255997	249119	29901	4377588
非金属矿物制品业	5727846	5144707	1473736	583139	566200	55922	5668232
黑色金属冶炼和压延加工业	7661343	7284984	1076339	376359	369828	40573	7619822
有色金属冶炼和压延加工业	4707235	4453032	779211	254203	247431	111572	4590478
金属制品业	6804462	6430387	1474633	374075	365180	104161	6696273
通用设备制造业	9697335	9136218	3310532	561117	546897	271788	9418983
专用设备制造业	9510063	9052977	3502397	457087	442405	250734	9255461
汽车制造业	9251878	8743781	3322949	508097	493562	145892	9093677
铁路、船舶、航空航天和其他运输设备制造业	5801775	5434461	1754946	367314	358533	1424782	4361281
电气机械和器材制造业	17603375	16571697	4590671	1031678	999274	148560	17448457
计算机、通信和其他电子设备制造业	31504185	29308167	13172830	2196019	2133298	1072044	30392870
仪器仪表制造业	2990787	2836785	1537760	154003	150414	93210	2894035
其他制造业	653915	549949	173084	103966	102648	96622	554053
废弃资源综合利用业	680092	645877	78356	34215	32571	4438	673654
金属制品、机械和设备修理业	182522	175983	76399	6539	6305	3414	177332
电力、热力、燃气及水生产和供应业	**2417268**	**2176553**	**650724**	**240715**	**230528**	**19574**	**2396474**
电力、热力生产和供应业	2028106	1811394	529463	216713	207838	16490	2010517
燃气生产和供应业	207395	196411	58232	10985	10081	652	206744
水的生产和供应业	181766	168749	63029	13018	12609	2433	179213

2-4-1-9　分行业港澳台商投资工业企业R&D经费内部支出情况

单位：万元

行　业	R&D经费内部支出	日常性支出	#人员劳务费	资产性支出	#仪器和设备	#政府资金	#企业资金
合　计	**16037512**	**15181736**	**6106193**	**855776**	**837089**	**178066**	**15822770**
采矿业	**150077**	**140704**	**52469**	**9373**	**9262**	**1997**	**148079**
煤炭开采和洗选业	45213	39285	15480	5928	5899	1719	43495
石油和天然气开采业	73188	72217	31337	971	899	264	72924
黑色金属矿采选业	15910	14218	1057	1692	1692		15910
有色金属矿采选业	8383	7672	3109	711	702	15	8368
非金属矿采选业	1870	1800	293	71	70		1870
开采及其他辅助性活动	5511	5511	1194				5511
制造业	**15707708**	**14868162**	**5996799**	**839546**	**821690**	**175636**	**15495507**
农副食品加工业	147679	145117	30111	2562	2504	577	147102
食品制造业	145885	143017	50215	2868	2733	4828	140993
酒、饮料和精制茶制造业	46321	40406	14919	5915	5860	620	45702
烟草制品业	2201	2190	1204	11	11	18	2183
纺织业	305756	284786	122712	20970	20449	542	305158
纺织服装、服饰业	202826	199515	83981	3312	3216	702	202124
皮革、毛皮、羽毛及其制品和制鞋业	142906	141390	48525	1516	1472	224	142682
木材加工和木、竹、藤、棕、草制品业	20774	19849	6025	925	920	93	20681
家具制造业	89244	88049	32971	1196	1180	151	89088
造纸和纸制品业	252459	245105	85849	7355	7213	3247	249213
印刷和记录媒介复制业	97353	92819	36560	4534	4283	253	97101
文教、工美、体育和娱乐用品制造业	153457	146439	73602	7018	6824	2058	150745
石油加工、炼焦和核燃料加工业	98770	40423	9544	58346	57690	2329	96440
化学原料和化学制品制造业	511696	479615	184714	32081	30922	2620	508880
医药制造业	1568436	1478240	390227	90195	88131	18507	1549531
化学纤维制造业	208725	203400	37037	5325	5188	2095	206630
橡胶和塑料制品业	562506	535414	209870	27092	25952	4812	557554
非金属矿物制品业	320915	307806	117297	13109	12870	618	320286
黑色金属冶炼和压延加工业	217078	210659	42462	6419	6241	1312	215766
有色金属冶炼和压延加工业	147219	142455	37515	4764	4737	1462	145717
金属制品业	421090	382595	126388	38495	38248	4636	415825
通用设备制造业	722609	687228	320653	35381	34672	3509	699728
专用设备制造业	847704	812964	362253	34740	34191	6586	841070
汽车制造业	1874501	1845441	920863	29059	27285	8088	1865517
铁路、船舶、航空航天和其他运输设备制造业	166487	163579	76669	2908	2468	1226	165261
电气机械和器材制造业	1788001	1650010	570852	137991	136612	14045	1767244
计算机、通信和其他电子设备制造业	4316698	4076156	1843740	240543	235283	87244	4222348
仪器仪表制造业	270887	247288	128640	23599	23257	3078	267723
其他制造业	27826	27626	11111	200	191	30	27647
废弃资源综合利用业	11305	10559	4160	746	714	128	11177
金属制品、机械和设备修理业	18393	18019	16130	374	374		18393
电力、热力、燃气及水生产和供应业	**179728**	**172871**	**56925**	**6857**	**6137**	**433**	**179184**
电力、热力生产和供应业	92266	89067	17279	3200	3175	310	91846
燃气生产和供应业	68701	65859	29711	2842	2158		68701
水的生产和供应业	18760	17945	9935	816	804	123	18638

2-4-1-10 分行业外商投资工业企业R&D经费内部支出情况

单位：万元

行业	R&D经费内部支出	日常性支出	#人员劳务费	资产性支出	#仪器和设备	#政府资金	#企业资金
合 计	**20684440**	**19502494**	**7351773**	**1181946**	**1158152**	**208522**	**20381003**
采矿业	**92240**	**92222**	**23157**	**18**	**2**	**4296**	**87943**
煤炭开采和洗选业	32612	32612	9993			23	32590
石油和天然气开采业	44887	44887	6763			4029	40858
黑色金属矿采选业	1027	1027	687				1027
有色金属矿采选业	6842	6825	2651	17	2		6842
非金属矿采选业	4702	4702	1481			10	4692
开采及其他辅助性活动	2169	2169	1581	1		235	1934
制造业	**20426973**	**19260330**	**7296711**	**1166643**	**1143185**	**204110**	**20127948**
农副食品加工业	279538	271664	69505	7873	7709	1619	277919
食品制造业	239776	229054	88007	10722	10582	3965	235575
酒、饮料和精制茶制造业	46351	44801	22728	1550	1509	80	46162
烟草制品业							
纺织业	119356	111754	53151	7602	7285	187	119161
纺织服装、服饰业	77590	76351	31157	1239	1154	1069	76391
皮革、毛皮、羽毛及其制品和制鞋业	121541	119992	48288	1549	1512	578	120963
木材加工和木、竹、藤、棕、草制品业	16267	15754	4154	513	505	90	16070
家具制造业	59497	58397	27276	1100	1066	46	59451
造纸和纸制品业	110287	106356	32882	3931	3911	504	109783
印刷和记录媒介复制业	61179	60816	27992	363	319	90	61065
文教、工美、体育和娱乐用品制造业	61810	57298	31473	4512	4366	51	61703
石油加工、炼焦和核燃料加工业	42251	42057	14545	194	189	99	42153
化学原料和化学制品制造业	688757	627631	277689	61126	59797	6510	681539
医药制造业	1433608	1318074	354628	115534	113198	23245	1381461
化学纤维制造业	121774	120645	13561	1130	1007	398	121377
橡胶和塑料制品业	380821	354009	161456	26812	26187	1186	377400
非金属矿物制品业	238433	219019	77095	19413	19129	505	237888
黑色金属冶炼和压延加工业	286024	274920	36019	11104	10559	1593	284431
有色金属冶炼和压延加工业	196682	194006	44716	2676	2641	6919	189707
金属制品业	349185	338311	121823	10873	10635	1003	348030
通用设备制造业	1485939	1421057	653746	64882	63165	17299	1461504
专用设备制造业	1143102	1082575	505471	60527	59639	33844	1103617
汽车制造业	5390134	5239679	1528401	150455	145998	23084	5364897
铁路、船舶、航空航天和其他运输设备制造业	364024	348450	118414	15574	15070	2537	358854
电气机械和器材制造业	1593559	1545343	560658	48216	46560	7878	1574127
计算机、通信和其他电子设备制造业	5178454	4654553	2212299	523900	516773	64506	5083595
仪器仪表制造业	279250	268592	162997	10658	10400	5122	271453
其他制造业	23285	21455	9694	1829	1825	105	23180
废弃资源综合利用业	10240	9856	2754	384	383		10240
金属制品、机械和设备修理业	28261	27860	4134	402	114		28254
电力、热力、燃气及水生产和供应业	**165227**	**149942**	**31905**	**15285**	**14964**	**116**	**165112**
电力、热力生产和供应业	58798	48581	11563	10216	9960	8	58790
燃气生产和供应业	100015	95115	17079	4900	4839	30	99985
水的生产和供应业	6414	6246	3263	169	165	77	6337

2-4-1-11 各地区工业企业R&D经费内部支出情况

单位：万元

地　区	R&D经费内部支出	日常性支出	#人员劳务费	资产性支出	#仪器和设备	#政府资金	#企业资金
全　国	**193617617**	**181757544**	**61598684**	**11860073**	**11528822**	**4828868**	**188512489**
东部地区	126071450	119049637	44671357	7021813	6810382	2070940	123790315
中部地区	39602220	36566459	9180156	3035761	2963892	1126701	38454053
西部地区	22281199	20758194	6149868	1523005	1485800	1302732	20945224
东北地区	5662749	5383254	1597303	279495	268749	328495	5322898
北　京	3489973	3313750	1394239	176223	172896	262553	3208071
天　津	2845710	2662527	888624	183183	180849	32366	2781757
河　北	6358675	6175546	1598821	183130	175954	49608	6305591
山　西	2023083	1940099	339999	82984	79993	79205	1943570
内蒙古	1708541	1633453	397382	75088	71053	53633	1654904
辽　宁	3756732	3577881	983668	178851	173560	210397	3536763
吉　林	926041	887776	304487	38265	35308	8507	916308
黑龙江	979976	917596	309148	62379	59881	109592	869827
上　海	7659941	7196038	3090010	463903	458217	244883	7388519
江　苏	29936774	27710538	9683823	2226236	2176542	306766	29558349
浙　江	17680564	16589179	6015036	1091385	1064378	200058	17470740
安　徽	8206500	7489090	2261330	717410	701822	237363	7962483
福　建	8485871	8058628	3066832	427243	412471	177324	8301931
江　西	4396905	4084691	848008	312214	304518	206790	4189346
山　东	17287025	16327914	5206542	959111	930583	240551	17027256
河　南	8455419	7783442	2142100	671977	659491	90751	8358837
湖　北	7931580	7116493	1696897	815086	796401	240491	7683800
湖　南	8588734	8152644	1891822	436090	421667	272101	8316018
广　东	32177548	30873998	13688861	1303550	1231187	554270	31601685
广　西	1505736	1410986	360738	94750	93539	32605	1472210
海　南	149370	141520	38569	7850	7304	2562	146417
重　庆	4793346	4547776	1495321	245570	239392	129533	4657477
四　川	5300775	4824796	1738601	475979	461284	298218	4997283
贵　州	1317509	1248756	351961	68753	67181	106988	1204569
云　南	1986681	1835926	328835	150755	148751	39339	1947277
西　藏	17043	16878	4593	165	165	132	16911
陕　西	3544104	3365669	1026998	178435	175271	562219	2969525
甘　肃	720007	582731	173156	137277	136419	36549	682527
青　海	149214	148110	50575	1104	1094	1445	147769
宁　夏	597053	537816	79366	59237	57686	36347	560707
新　疆	641190	605298	142343	35893	33965	5725	634065

2-4-1-12 各地区大型工业企业R&D经费内部支出情况

单位：万元

地 区	R&D经费内部支出	日常性支出	#人员劳务费	资产性支出	#仪器和设备	#政府资金	#企业资金
全 国	**90816575**	**84961041**	**31057247**	**5855534**	**5687179**	**3226864**	**87447012**
东部地区	58823438	55576137	22249226	3247301	3141220	1119309	57596940
中部地区	16835835	15346861	4498752	1488975	1458020	816830	16011430
西部地区	11736033	10798489	3351074	937544	914200	1025743	10687667
东北地区	3421269	3239555	958196	181714	173740	264982	3150975
北 京	1648287	1581279	640435	67008	65398	140908	1504968
天 津	1301202	1216626	345156	84577	83752	9476	1261016
河 北	3433184	3379556	955408	53628	51211	13476	3417853
山 西	1337889	1278977	237636	58912	56252	69724	1268013
内蒙古	1063192	1027636	248080	35556	32089	30443	1032749
辽 宁	2004075	1897738	477469	106337	102738	163441	1835868
吉 林	729985	699075	244645	30911	28079	4035	725669
黑龙江	687209	642743	236082	44466	42923	97506	589437
上 海	4428194	4040108	1519428	388085	385189	188300	4221968
江 苏	11584649	10711144	3765828	873505	857668	128757	11428022
浙 江	5915432	5587172	2190405	328259	320123	50486	5862838
安 徽	3670651	3332432	1063846	338219	334348	117406	3551726
福 建	3776422	3529393	1472173	247029	236234	134560	3640824
江 西	1721136	1583536	382728	137600	133606	154678	1566222
山 东	7270743	6828173	2380708	442570	429376	104506	7154104
河 南	3894464	3650765	1074567	243699	239085	58959	3833225
湖 北	3640593	3121129	920760	519464	510256	208062	3429166
湖 南	2571103	2380023	819216	191081	184473	208002	2363078
广 东	19402605	18642586	8957703	760019	709863	348147	19043321
广 西	709496	645902	207249	63595	62993	13512	695212
海 南	62720	60099	21981	2621	2406	694	62026
重 庆	2167496	2029828	763387	137669	135808	61127	2102954
四 川	2896496	2569874	921423	326622	315904	242836	2652120
贵 州	679752	640384	174996	39369	38213	89871	585399
云 南	922723	837873	146733	84851	83573	11409	911314
西 藏	278	259	114	19	19		278
陕 西	2141525	2039491	608184	102034	100232	534805	1595643
甘 肃	418530	300892	110237	117639	117087	28767	389227
青 海	106135	105693	36802	443	433	627	105508
宁 夏	201099	192348	26121	8750	7740	10145	190954
新 疆	429310	408311	107748	20999	20108	2201	426310

2-4-1-13 各地区中型工业企业R&D经费内部支出情况

单位：万元

地区	R&D经费内部支出	日常性支出	#人员劳务费	资产性支出	#仪器和设备	#政府资金	#企业资金
全国	**44869385**	**42080787**	**14210237**	**2788598**	**2715666**	**865052**	**43927062**
东部地区	29697364	27910476	10455123	1786888	1737064	524201	29112669
中部地区	8694046	8058648	2028257	635398	621703	143762	8544608
西部地区	5372977	5061018	1426587	311959	304512	161865	5204934
东北地区	1104998	1050645	300270	54353	52387	35225	1064852
北京	1073419	992470	434722	80949	79464	83635	977551
天津	736986	678146	258308	58840	57718	15548	721285
河北	1059152	1010798	259026	48354	46015	9786	1048956
山西	415081	403647	64859	11434	11229	5514	409562
内蒙古	431562	399517	98838	32046	31727	18723	412840
辽宁	882759	841661	230725	41098	39956	28418	850115
吉林	104766	102963	36022	1803	1703	2634	101437
黑龙江	117473	106021	33523	11452	10728	4173	113300
上海	1609621	1575952	775047	33668	32162	22524	1583645
江苏	7864460	7228609	2581544	635851	620100	117810	7721203
浙江	5114704	4765962	1739090	348742	340362	52871	5056743
安徽	1837049	1646900	524457	190148	185451	67438	1766958
福建	2125664	2029211	750634	96453	94380	20827	2100457
江西	927639	869391	209950	58248	57115	20112	907526
山东	4064505	3839774	1195187	224731	217705	67720	3993885
河南	1975378	1822082	465842	153296	150214	17256	1956187
湖北	1657009	1547585	328682	109424	107001	10139	1645846
湖南	1881891	1769043	434467	112848	110694	23302	1858529
广东	5999216	5743133	2451621	256082	246131	132338	5860838
广西	389247	373653	79350	15594	15282	12610	376636
海南	49638	46420	9946	3217	3028	1141	48106
重庆	1313362	1258316	373364	55046	52155	45100	1265979
四川	1167995	1091428	405332	76567	74829	28578	1137598
贵州	363329	350061	100363	13268	13023	12870	349147
云南	547634	507913	81654	39721	39476	14496	533138
西藏	10216	10125	3401	90	90	49	10166
陕西	683195	641448	203222	41747	41164	11002	671989
甘肃	162060	156234	27883	5826	5752	3529	158518
青海	22626	22039	9514	586	586	157	22469
宁夏	184553	159001	25338	25552	25370	13482	171071
新疆	97200	91284	18328	5916	5058	1268	95383

2-4-1-14　各地区国有及国有控股工业企业R&D经费内部支出情况

单位：万元

地　　区	R&D经费内部支出	日常性支出	#人员劳务费	资产性支出	#仪器和设备	#政府资金	#企业资金
全　　国	**43923480**	**40792342**	**13614759**	**3131138**	**3049948**	**2933695**	**40935780**
东部地区	19842039	18556376	6709271	1285662	1255799	829819	18999210
中部地区	11080929	10012415	3141682	1068514	1044985	713154	10357814
西部地区	10240064	9602307	2999823	637757	618891	1124977	9090025
东北地区	2760448	2621244	763983	139205	130273	265745	2488731
北　　京	1374847	1309236	550549	65612	64817	175357	1196938
天　　津	751493	696239	235239	55254	54894	23331	727822
河　　北	1305201	1274717	319178	30483	29248	14354	1288628
山　　西	1097213	1044523	216719	52690	50116	76382	1020640
内 蒙 古	668430	639484	171531	28946	26031	36176	632254
辽　　宁	1388999	1316356	293439	72643	68500	163444	1220130
吉　　林	690060	674039	232440	16021	13472	4962	684817
黑 龙 江	681390	630849	238105	50541	48300	97339	583784
上　　海	3389588	3027300	1005028	362287	359897	176673	3210764
江　　苏	3001381	2794053	1073790	207328	200939	46275	2953904
浙　　江	652212	625963	205423	26249	24960	11515	640600
安　　徽	2066003	1845677	683541	220326	216973	111067	1952440
福　　建	1343804	1294466	410578	49337	48124	80232	1263550
江　　西	760466	683127	220933	77339	73908	144538	615928
山　　东	3997395	3709297	1467750	288098	278464	118188	3875883
河　　南	2407512	2260123	641097	147389	144927	53364	2350273
湖　　北	2781204	2345335	787588	435869	428795	132462	2645354
湖　　南	1968532	1833630	591804	134902	130267	195341	1773179
广　　东	4008713	3808772	1435602	199942	193486	183875	3824126
广　　西	688315	649898	184542	38418	38289	18027	669508
海　　南	17406	16333	6135	1073	971	20	16995
重　　庆	1785778	1713514	621116	72264	70408	104055	1678855
四　　川	2316887	2150887	800889	166000	158735	251889	2062058
贵　　州	756791	709657	203200	47135	45944	102151	648846
云　　南	846391	821276	173594	25115	23764	21244	825083
西　　藏	12742	12726	2265	17	17	38	12704
陕　　西	2191608	2077996	570175	113611	111611	546518	1633821
甘　　肃	519161	399752	105769	119408	118825	32163	486449
青　　海	76266	75824	34867	443	433	759	75507
宁　　夏	103729	88875	21283	14854	13817	9410	94319
新　　疆	273967	262419	110593	11548	11018	2546	270621

2-4-1-15 各地区内资工业企业R&D经费内部支出情况

单位：万元

地区	R&D经费内部支出	日常性支出	#人员劳务费	资产性支出	#仪器和设备	#政府资金	#企业资金
全国	**156895666**	**147073315**	**48140719**	**9822352**	**9533581**	**4442280**	**152308717**
东部地区	95634442	90258334	33136436	5376108	5201583	1745016	93802146
中部地区	36417833	33570807	8313139	2847026	2779028	1106350	35293052
西部地区	20211289	18843023	5452999	1368266	1332106	1270084	18909784
东北地区	4632103	4401151	1238145	230952	220864	320830	4303735
北京	2424738	2305890	998583	118848	117351	215294	2199703
天津	2253409	2123919	671165	129490	127436	28570	2200401
河北	4909811	4742926	1076488	166885	160131	44630	4861729
山西	1970876	1889355	328062	81521	78530	78182	1892386
内蒙古	1621333	1554456	366702	66877	63125	50478	1570851
辽宁	3124856	2979572	717256	145284	140358	204870	2913537
吉林	544396	521097	218744	23299	20637	8439	535425
黑龙江	962850	900482	302145	62368	59870	107520	854773
上海	4328585	4001913	1795411	326672	323397	205673	4116942
江苏	21718381	20028940	6611207	1689440	1649650	217867	21487789
浙江	14082510	13181158	4500401	901352	880219	159090	13918891
安徽	7505753	6829400	2042593	676352	661464	229369	7272141
福建	6579040	6254139	2216619	324901	311557	151622	6426365
江西	3941453	3653093	765131	288361	281189	203507	3737176
山东	15173078	14355385	4520652	817693	791787	224046	14932024
河南	7870773	7256211	1939015	614562	602377	89087	7776093
湖北	7126070	6346430	1515915	779639	762076	238342	6880826
湖南	8002909	7596318	1722424	406591	393392	267864	7734430
广东	24039959	23144960	10714771	894999	834457	496119	23535868
广西	1140021	1052188	240724	87833	86718	27354	1111747
海南	124931	119103	31139	5828	5599	2105	122436
重庆	4155612	3924448	1284915	231164	225108	111933	4038580
四川	4928299	4560816	1614483	367483	353246	296444	4626943
贵州	1273144	1209565	336669	63579	62032	106345	1160886
云南	1933218	1786331	312265	146887	144902	37495	1895658
西藏	16782	16619	4479	162	162	132	16650
陕西	3128028	2952664	868260	175364	172223	561753	2554097
甘肃	710469	573192	169613	137277	136419	36549	672988
青海	133818	132714	45591	1104	1094	1445	132373
宁夏	575890	521125	73514	54765	53233	35023	540867
新疆	594677	558905	135785	35772	33844	5133	588143

2-4-1-16 各地区港澳台商投资工业企业R&D经费内部支出情况

单位：万元

地区	R&D经费内部支出	日常性支出	#人员劳务费	资产性支出	#仪器和设备	#政府资金	#企业资金
全国	**16037512**	**15181736**	**6106193**	**855776**	**837089**	**178066**	**15822770**
东部地区	14030945	13274728	5536279	756217	739648	161131	13834033
中部地区	1367427	1293033	343632	74394	72817	7289	1359287
西部地区	484473	471844	173180	12629	12351	5853	478578
东北地区	154667	142131	53102	12535	12273	3794	150873
北京	598233	561929	216580	36304	35476	17111	581114
天津	176458	164592	75700	11866	11823	151	170252
河北	992116	985118	384111	6998	6807	2048	990043
山西	8318	8197	1197	121	121	10	8308
内蒙古	41868	41782	12283	87	81	439	41429
辽宁	134444	122621	45250	11823	11779	1711	132734
吉林	12594	11882	3888	712	495	28	12567
黑龙江	7629	7629	3964			2056	5573
上海	734281	664808	369627	69473	68257	7250	726578
江苏	3502999	3287157	1208474	215842	211693	79989	3402597
浙江	1756230	1642367	733242	113864	112001	13603	1741338
安徽	275941	258458	58518	17482	17142	2201	273392
福建	1169123	1099979	483954	69145	68206	15133	1153941
江西	236412	222462	31128	13950	13484	1050	235362
山东	801772	758243	255529	43529	42136	5592	796013
河南	246545	235347	98147	11198	11113	684	245624
湖北	262363	242690	48933	19673	19217	450	261646
湖南	337848	325879	105710	11969	11741	2894	334954
广东	4279585	4091338	1802445	188247	182483	19991	4252272
广西	33301	32883	8888	417	417	389	32912
海南	20148	19198	6618	950	766	264	19884
重庆	212982	209889	71410	3094	3075	3445	209538
四川	118131	111563	51471	6568	6371	742	117346
贵州	12225	12107	5161	118	103	197	12028
云南	17501	16694	8023	806	796	129	17371
西藏							
陕西	32510	31018	9072	1492	1480	39	32472
甘肃	4075	4075	1542				4075
青海							
宁夏	7756	7708	3945	47	28	267	7488
新疆	4125	4125	1387			206	3919

2-4-1-17 各地区外商投资工业企业R&D经费内部支出情况

单位：万元

地区	R&D经费内部支出	日常性支出	#人员劳务费	资产性支出	#仪器和设备	#政府资金	#企业资金
全国	**20684440**	**19502494**	**7351773**	**1181946**	**1158152**	**208522**	**20381003**
东部地区	16406063	15516575	5998643	889488	869151	164793	16154137
中部地区	1816960	1702619	523385	114340	112047	13062	1801714
西部地区	1585437	1443328	523689	142110	141342	26795	1556862
东北地区	875980	839971	306055	36008	35611	3872	868291
北京	467002	445931	179077	21071	20069	30148	427253
天津	415843	374017	141759	41826	41591	3645	411104
河北	456749	447502	138221	9247	9016	2930	453819
山西	43889	42547	10741	1342	1342	1014	42876
内蒙古	45339	37215	18398	8124	7847	2715	42624
辽宁	497432	475688	221162	21743	21424	3816	490493
吉林	369051	354798	81855	14254	14176	40	368317
黑龙江	9497	9486	3038	11	11	16	9481
上海	2597074	2529316	924972	67758	66564	31960	2544998
江苏	4715394	4394441	1864142	320953	315199	8910	4667963
浙江	1841824	1765654	781394	76170	72158	27365	1810511
安徽	424807	401232	160219	23575	23217	5793	416950
福建	737708	704510	366260	33198	32709	10568	721626
江西	219040	209137	51750	9903	9845	2233	216807
山东	1312175	1214286	430360	97889	96660	10914	1299219
河南	338100	291884	104939	46217	46001	981	337120
湖北	543147	527373	132049	15774	15108	1699	541328
湖南	247977	230447	63688	17530	16535	1343	246634
广东	3858004	3637699	1171645	220305	214247	38160	3813545
广西	332414	325915	111126	6500	6404	4862	327552
海南	4291	3219	812	1072	939	193	4098
重庆	424752	413440	138996	11312	11208	14155	409359
四川	254345	152418	72646	101927	101667	1032	252994
贵州	32140	27084	10131	5057	5046	446	31655
云南	35963	32901	8548	3062	3054	1715	34248
西藏	261	259	114	2	2		261
陕西	383566	381987	149666	1580	1567	427	382956
甘肃	5463	5463	2002				5463
青海	15396	15396	4984				15396
宁夏	13408	8983	1907	4425	4425	1057	12351
新疆	42389	42268	5172	121	121	386	42003

2-4-2-1 分登记注册类型工业企业R&D经费外部支出情况

单位：万元

登记注册类型	R&D经费外部支出	#对境内研究机构支出	#对境内高等学校支出
合　计	**13939063**	**3614094**	**824108**
国有及国有控股	**4333755**	**850058**	**412520**
内资企业	**11255492**	**3364912**	**750914**
国有企业	387444	40312	65947
集体企业	325	255	25
股份合作企业	2764	384	221
联营企业	696	66	46
有限责任公司	5387749	1524029	260844
股份有限公司	2069295	415889	192203
私营企业	3357570	1380250	231318
其他企业	49650	3728	309
港、澳、台商投资企业	**777042**	**135992**	**40060**
合资经营企业	218965	40601	12395
合作经营企业	3271		213
港、澳、台商独资经营企业	407837	84574	22719
港、澳、台商投资股份有限公司	131834	7868	4587
其他港、澳、台投资企业	15135	2949	146
外商投资企业	**1906529**	**113190**	**33135**
中外合资经营企业	720344	55927	15212
中外合作经营企业	5969	3004	437
外资企业	995879	48276	11275
外商投资股份有限公司	133302	5753	6157
其他外商投资企业	51035	230	54

2-4-2-2 分登记注册类型大型工业企业R&D经费外部支出情况

单位：万元

登记注册类型	R&D经费外部支出	#对境内研究机构支出	#对境内高等学校支出
合　计	**9889916**	**2877016**	**460443**
国有及国有控股	**3695034**	**719039**	**354244**
内资企业	**8206628**	**2749241**	**421900**
国有企业	326304	32861	61184
集体企业			
股份合作企业	531	183	30
联营企业			
有限责任公司	4250590	1281900	182531
股份有限公司	1580115	316570	147875
私营企业	2011132	1114694	30070
其他企业	37956	3033	211
港、澳、台商投资企业	**425644**	**66543**	**25481**
合资经营企业	108246	30441	5137
合作经营企业	2214		
港、澳、台商独资经营企业	270934	31724	19078
港、澳、台商投资股份有限公司	43644	3783	1266
其他港、澳、台投资企业	605	595	
外商投资企业	**1257644**	**61233**	**13062**
中外合资经营企业	459308	28480	4551
中外合作经营企业	4084	2714	121
外资企业	709841	25960	4863
外商投资股份有限公司	80613	4080	3526
其他外商投资企业	3797		

2-4-2-3 分登记注册类型中型工业企业R&D经费外部支出情况

单位：万元

登记注册类型	R&D经费外部支出	#对境内研究机构支出	#对境内高等学校支出
合　计	**2191549**	**420580**	**149183**
国有及国有控股	**393506**	**91774**	**38756**
内资企业	**1590858**	**342094**	**127634**
国有企业	43857	4372	2653
集体企业			
股份合作企业	1874	177	28
联营企业			
有限责任公司	683725	153874	37446
股份有限公司	333829	67481	30187
私营企业	525341	116183	57317
其他企业	2232	6	3
港、澳、台商投资企业	**227471**	**51660**	**9269**
合资经营企业	73503	6488	4957
合作经营企业	143		143
港、澳、台商独资经营企业	74339	42230	1800
港、澳、台商投资股份有限公司	78851	2942	2255
其他港、澳、台投资企业	636		114
外商投资企业	**373220**	**26826**	**12281**
中外合资经营企业	143363	8535	7369
中外合作经营企业	653	291	300
外资企业	191951	16842	2926
外商投资股份有限公司	30645	931	1648
其他外商投资企业	6608	227	38

2-4-2-4 分行业工业企业R&D经费外部支出情况

单位：万元

行业	R&D经费外部支出	#对境内研究机构支出	#对境内高等学校支出
合计	**13939063**	**3614094**	**824108**
采矿业	**454920**	**109527**	**115273**
煤炭开采和洗选业	182639	58486	31258
石油和天然气开采业	200065	37355	62607
黑色金属矿采选业	15816	2341	5323
有色金属矿采选业	18372	6312	3736
非金属矿采选业	5532	844	2119
开采及其他辅助性活动	32485	4190	10219
制造业	**12834530**	**3405421**	**604432**
农副食品加工业	37529	10787	14685
食品制造业	63995	20082	19145
酒、饮料和精制茶制造业	28725	5995	8872
烟草制品业	41625	8763	10376
纺织业	27851	2254	9448
纺织服装、服饰业	9987	1907	1995
皮革、毛皮、羽毛及其制品和制鞋业	13104	4201	2496
木材加工和木、竹、藤、棕、草制品业	5688	1589	1167
家具制造业	11777	358	1134
造纸和纸制品业	28147	2941	3379
印刷和记录媒介复制业	10184	764	2224
文教、工美、体育和娱乐用品制造业	16956	1711	4066
石油加工、炼焦和核燃料加工业	69749	7819	13398
化学原料和化学制品制造业	359450	76155	72535
医药制造业	1645469	383732	64114
化学纤维制造业	28847	2947	5447
橡胶和塑料制品业	151042	12929	12384
非金属矿物制品业	74156	12223	15667
黑色金属冶炼和压延加工业	125183	26046	25525
有色金属冶炼和压延加工业	95886	29829	19044
金属制品业	70395	15062	15846
通用设备制造业	395383	46669	39398
专用设备制造业	329352	63758	37381
汽车制造业	2464230	469222	23662
铁路、船舶、航空航天和其他运输设备制造业	739422	199587	51079
电气机械和器材制造业	617139	87497	45833
计算机、通信和其他电子设备制造业	5140824	1875914	55362
仪器仪表制造业	158551	12946	18314
其他制造业	46519	17564	5892
废弃资源综合利用业	15452	3590	1126
金属制品、机械和设备修理业	11911	581	3437
电力、热力、燃气及水生产和供应业	**649613**	**99147**	**104403**
电力、热力生产和供应业	628094	93203	102851
燃气生产和供应业	15737	5354	281
水的生产和供应业	5782	590	1271

2-4-2-5 分行业大型工业企业R&D经费外部支出情况

单位：万元

行　　业	R&D经费外部支出	#对境内研究机构支出	#对境内高等学校支出
合　计	**9889916**	**2877016**	**460443**
采矿业	**400836**	**86577**	**103345**
煤炭开采和洗选业	157801	43350	26349
石油和天然气开采业	192320	36166	60576
黑色金属矿采选业	9554	1166	4195
有色金属矿采选业	8407	1884	1869
非金属矿采选业	1080	208	248
开采及其他辅助性活动	31675	3803	10108
制造业	**8926989**	**2714462**	**259419**
农副食品加工业	2895	888	893
食品制造业	21315	6939	6205
酒、饮料和精制茶制造业	16547	3252	6464
烟草制品业	39681	8171	9899
纺织业	5827	827	3467
纺织服装、服饰业	3751	723	261
皮革、毛皮、羽毛及其制品和制鞋业	10353	3737	2067
木材加工和木、竹、藤、棕、草制品业	17		
家具制造业	7167		183
造纸和纸制品业	21023	1320	1753
印刷和记录媒介复制业	1375	269	303
文教、工美、体育和娱乐用品制造业	7294	500	708
石油加工、炼焦和核燃料加工业	58060	6996	11511
化学原料和化学制品制造业	128546	24362	24813
医药制造业	686126	100482	17753
化学纤维制造业	9765	354	1274
橡胶和塑料制品业	83351	5786	815
非金属矿物制品业	14242	442	1907
黑色金属冶炼和压延加工业	102251	24728	23514
有色金属冶炼和压延加工业	67880	22391	11409
金属制品业	21925	4281	4628
通用设备制造业	187182	20821	12777
专用设备制造业	109557	41018	9567
汽车制造业	1949197	367267	14369
铁路、船舶、航空航天和其他运输设备制造业	642662	177313	40544
电气机械和器材制造业	348825	61394	20432
计算机、通信和其他电子设备制造业	4278283	1813886	20636
仪器仪表制造业	56765	2024	4410
其他制造业	35384	13749	3594
废弃资源综合利用业	29		29
金属制品、机械和设备修理业	9717	544	3238
电力、热力、燃气及水生产和供应业	**562091**	**75977**	**97679**
电力、热力生产和供应业	558296	75533	97185
燃气生产和供应业	1904	402	156
水的生产和供应业	1890	42	338

2-4-2-6 分行业中型工业企业R&D经费外部支出情况

单位：万元

行业	R&D经费外部支出	#对境内研究机构支出	#对境内高等学校支出
合 计	**2191549**	**420580**	**149183**
采矿业	**34972**	**19200**	**5483**
煤炭开采和洗选业	21719	14691	3172
石油和天然气开采业	1028	43	17
黑色金属矿采选业	2681	660	1092
有色金属矿采选业	7827	3414	1066
非金属矿采选业	1001	22	59
开采及其他辅助性活动	705	370	67
制造业	**2118254**	**397659**	**140849**
农副食品加工业	15721	2675	7301
食品制造业	16087	3210	6036
酒、饮料和精制茶制造业	4648	686	503
烟草制品业	1324	593	95
纺织业	11783	714	1993
纺织服装、服饰业	3008	435	1054
皮革、毛皮、羽毛及其制品和制鞋业	1925	204	290
木材加工和木、竹、藤、棕、草制品业	982	300	183
家具制造业	2687	143	406
造纸和纸制品业	4530	1123	967
印刷和记录媒介复制业	5558	121	680
文教、工美、体育和娱乐用品制造业	3167	305	1865
石油加工、炼焦和核燃料加工业	6645	427	1494
化学原料和化学制品制造业	110000	20896	20806
医药制造业	615143	181514	26697
化学纤维制造业	5421	186	2152
橡胶和塑料制品业	31739	1583	3533
非金属矿物制品业	14136	3137	3103
黑色金属冶炼和压延加工业	15705	687	1195
有色金属冶炼和压延加工业	12043	4061	3074
金属制品业	11721	3055	3146
通用设备制造业	105487	12196	7887
专用设备制造业	96175	8971	8096
汽车制造业	366329	83792	4025
铁路、船舶、航空航天和其他运输设备制造业	59419	20716	5363
电气机械和器材制造业	156630	11553	8454
计算机、通信和其他电子设备制造业	395911	29446	14821
仪器仪表制造业	30387	1943	3818
其他制造业	6856	2855	1530
废弃资源综合利用业	6735	133	259
金属制品、机械和设备修理业	352		23
电力、热力、燃气及水生产和供应业	**38323**	**3721**	**2851**
电力、热力生产和供应业	35275	3602	2515
燃气生产和供应业	2247	90	58
水的生产和供应业	801	29	278

2-4-2-7 分行业国有及国有控股工业企业R&D经费外部支出情况

单位：万元

行业	R&D经费外部支出	#对境内研究机构支出	#对境内高等学校支出
合 计	**4333755**	**850058**	**412520**
采矿业	**379856**	**96203**	**93784**
煤炭开采和洗选业	174685	56675	29981
石油和天然气开采业	143226	27388	44990
黑色金属矿采选业	12200	1972	5039
有色金属矿采选业	15924	5871	3060
非金属矿采选业	1539	125	545
开采及其他辅助性活动	32271	4173	10160
制造业	**3315206**	**656747**	**215957**
农副食品加工业	2088	899	397
食品制造业	6742	1823	3234
酒、饮料和精制茶制造业	14341	3725	5472
烟草制品业	41205	8763	10376
纺织业	206		120
纺织服装、服饰业	411	3	58
皮革、毛皮、羽毛及其制品和制鞋业	41		40
木材加工和木、竹、藤、棕、草制品业	484		
家具制造业	3026		
造纸和纸制品业	2013	116	641
印刷和记录媒介复制业	1317	378	286
文教、工美、体育和娱乐用品制造业	347		
石油加工、炼焦和核燃料加工业	59533	6761	12000
化学原料和化学制品制造业	103141	28912	22844
医药制造业	205076	40928	11195
化学纤维制造业	7522	421	1103
橡胶和塑料制品业	10807	6267	1497
非金属矿物制品业	7069	1617	1307
黑色金属冶炼和压延加工业	79700	19268	18485
有色金属冶炼和压延加工业	69605	22535	12069
金属制品业	24433	4284	4598
通用设备制造业	148637	20067	12902
专用设备制造业	50717	9414	6421
汽车制造业	811991	236684	12697
铁路、船舶、航空航天和其他运输设备制造业	597550	190323	45483
电气机械和器材制造业	54731	3289	8263
计算机、通信和其他电子设备制造业	902496	30807	11422
仪器仪表制造业	50092	2173	4764
其他制造业	41719	16417	4892
废弃资源综合利用业	6873	311	100
金属制品、机械和设备修理业	11291	563	3290
电力、热力、燃气及水生产和供应业	**638694**	**97108**	**102779**
电力、热力生产和供应业	623000	91639	101567
燃气生产和供应业	11013	4963	253
水的生产和供应业	4681	507	959

2-4-2-8 分行业内资工业企业R&D经费外部支出情况

单位：万元

行　业	R&D经费外部支出	#对境内研究机构支出	#对境内高等学校支出
合　计	**11255492**	**3364912**	**750914**
采矿业	**392314**	**98625**	**96552**
煤炭开采和洗选业	178311	57929	30678
石油和天然气开采业	143226	27388	44990
黑色金属矿采选业	15476	2068	5286
有色金属矿采选业	17644	6228	3403
非金属矿采选业	5174	822	1974
开采及其他辅助性活动	32472	4190	10211
制造业	**10229671**	**3178372**	**550307**
农副食品加工业	28932	7701	13830
食品制造业	42706	14247	14134
酒、饮料和精制茶制造业	25242	5012	8465
烟草制品业	41625	8763	10376
纺织业	16644	1830	6331
纺织服装、服饰业	8005	848	1639
皮革、毛皮、羽毛及其制品和制鞋业	7709	3414	439
木材加工和木、竹、藤、棕、草制品业	5203	1331	1051
家具制造业	10940	355	969
造纸和纸制品业	9547	1724	3174
印刷和记录媒介复制业	7613	764	1868
文教、工美、体育和娱乐用品制造业	12374	1367	3825
石油加工、炼焦和核燃料加工业	62614	6961	12697
化学原料和化学制品制造业	284676	67460	65583
医药制造业	1181696	293093	56639
化学纤维制造业	17269	1400	4894
橡胶和塑料制品业	72145	12731	11264
非金属矿物制品业	68028	11910	15194
黑色金属冶炼和压延加工业	121129	25837	25167
有色金属冶炼和压延加工业	93602	28808	18562
金属制品业	67386	14782	15266
通用设备制造业	295913	31731	35777
专用设备制造业	274049	56450	34257
汽车制造业	1657520	432213	19950
铁路、船舶、航空航天和其他运输设备制造业	705313	198586	50420
电气机械和器材制造业	483691	61484	42150
计算机、通信和其他电子设备制造业	4412245	1855592	48365
仪器仪表制造业	143311	10401	17622
其他制造业	46185	17433	5892
废弃资源综合利用业	14776	3564	1121
金属制品、机械和设备修理业	11587	581	3389
电力、热力、燃气及水生产和供应业	**633507**	**87915**	**104055**
电力、热力生产和供应业	614770	82060	102566
燃气生产和供应业	13224	5278	240
水的生产和供应业	5513	578	1250

2-4-2-9 分行业港澳台商投资工业企业R&D经费外部支出情况

单位：万元

行业	R&D经费外部支出	#对境内研究机构支出	#对境内高等学校支出
合 计	**777042**	**135992**	**40060**
采矿业	**51191**	**10308**	**16305**
煤炭开采和洗选业	3371	251	492
石油和天然气开采业	47731	9967	15813
黑色金属矿采选业	5	5	
有色金属矿采选业	84	84	
非金属矿采选业			
开采及其他辅助性活动			
制造业	**714624**	**115032**	**23666**
农副食品加工业	5572	2778	404
食品制造业	6589	2052	2296
酒、饮料和精制茶制造业	1588	655	230
烟草制品业			
纺织业	10076	60	2908
纺织服装、服饰业	1566	961	298
皮革、毛皮、羽毛及其制品和制鞋业	2841	158	786
木材加工和木、竹、藤、棕、草制品业	369	258	
家具制造业	683		56
造纸和纸制品业	1601	1183	167
印刷和记录媒介复制业	2017		299
文教、工美、体育和娱乐用品制造业	3744	331	220
石油加工、炼焦和核燃料加工业	2606	858	691
化学原料和化学制品制造业	29881	2506	2997
医药制造业	232705	65338	4458
化学纤维制造业	10332	1535	267
橡胶和塑料制品业	4123	125	356
非金属矿物制品业	3162	144	336
黑色金属冶炼和压延加工业	880	19	20
有色金属冶炼和压延加工业	1648	846	333
金属制品业	1139	179	129
通用设备制造业	15265	755	786
专用设备制造业	25546	1436	1194
汽车制造业	58755	9239	700
铁路、船舶、航空航天和其他运输设备制造业	17007	61	206
电气机械和器材制造业	36626	15086	1369
计算机、通信和其他电子设备制造业	231897	7286	2096
仪器仪表制造业	5970	1029	26
其他制造业	334	131	
废弃资源综合利用业	31	26	5
金属制品、机械和设备修理业	69		35
电力、热力、燃气及水生产和供应业	**11227**	**10652**	**89**
电力、热力生产和供应业	10889	10586	61
燃气生产和供应业	134	66	28
水的生产和供应业	205		

2-4-2-10 分行业外商投资工业企业R&D经费外部支出情况

单位：万元

行　业	R&D经费外部支出	#对境内研究机构支出	#对境内高等学校支出
合　计	**1906529**	**113190**	**33135**
采矿业	**11415**	**595**	**2417**
煤炭开采和洗选业	957	305	89
石油和天然气开采业	9107		1804
黑色金属矿采选业	335	268	37
有色金属矿采选业	645		334
非金属矿采选业	357	22	145
开采及其他辅助性活动	13		8
制造业	**1890235**	**112017**	**30459**
农副食品加工业	3026	308	451
食品制造业	14700	3784	2715
酒、饮料和精制茶制造业	1894	328	177
烟草制品业			
纺织业	1132	364	210
纺织服装、服饰业	416	97	59
皮革、毛皮、羽毛及其制品和制鞋业	2555	629	1271
木材加工和木、竹、藤、棕、草制品业	115		115
家具制造业	154	3	110
造纸和纸制品业	17000	34	38
印刷和记录媒介复制业	554		58
文教、工美、体育和娱乐用品制造业	839	13	22
石油加工、炼焦和核燃料加工业	4529		10
化学原料和化学制品制造业	44892	6189	3955
医药制造业	231069	25302	3016
化学纤维制造业	1246	12	286
橡胶和塑料制品业	74774	73	763
非金属矿物制品业	2966	170	138
黑色金属冶炼和压延加工业	3174	190	338
有色金属冶炼和压延加工业	636	175	149
金属制品业	1870	101	452
通用设备制造业	84206	14183	2835
专用设备制造业	29757	5872	1930
汽车制造业	747955	27770	3013
铁路、船舶、航空航天和其他运输设备制造业	17103	940	454
电气机械和器材制造业	96823	10928	2314
计算机、通信和其他电子设备制造业	496682	13036	4902
仪器仪表制造业	9269	1516	666
其他制造业	1	1	
废弃资源综合利用业	646		
金属制品、机械和设备修理业	256		13
电力、热力、燃气及水生产和供应业	**4879**	**579**	**259**
电力、热力生产和供应业	2435	557	225
燃气生产和供应业	2380	10	13
水的生产和供应业	65	12	21

2-4-2-11 各地区工业企业R&D经费外部支出情况

单位：万元

地 区	R&D经费外部支出	#对境内研究机构支出	#对境内高等学校支出
全 国	**13939063**	**3614094**	**824108**
东部地区	9527169	2828839	406385
中部地区	2061089	338192	195084
西部地区	1628911	350055	167895
东北地区	721894	97009	54745
北 京	402257	53261	18795
天 津	216692	17772	15939
河 北	226067	24202	14262
山 西	137003	35251	16388
内蒙古	129549	32799	20348
辽 宁	266367	59027	27247
吉 林	389687	27896	17361
黑龙江	65840	10085	10137
上 海	659104	69483	23668
江 苏	1564024	190810	106007
浙 江	1216793	195824	71828
安 徽	500703	63094	49301
福 建	184621	33469	19372
江 西	180225	58496	12932
山 东	775653	111654	75845
河 南	241203	42093	25078
湖 北	422271	55720	36735
湖 南	579686	83539	54649
广 东	4210295	2109684	56896
广 西	99184	13987	7035
海 南	71664	22682	3775
重 庆	271817	60478	11060
四 川	314277	46858	39041
贵 州	97567	9822	9271
云 南	153213	12499	8248
西 藏	2648	1681	58
陕 西	408219	135020	38525
甘 肃	40326	11681	5852
青 海	12246	3513	2800
宁 夏	17775	2349	5531
新 疆	82091	19369	20126

2-4-2-12 各地区大型工业企业R&D经费外部支出情况

单位：万元

地 区	R&D经费外部支出	#对境内研究机构支出	#对境内高等学校支出
全 国	**9889916**	**2877016**	**460443**
东部地区	6825609	2387826	189600
中部地区	1312139	152600	95319
西部地区	1158173	267325	133122
东北地区	593994	69265	42403
北 京	116064	11469	7825
天 津	168749	4177	11559
河 北	164499	8050	7087
山 西	105488	29709	14347
内 蒙 古	103494	23755	16560
辽 宁	204062	48643	20804
吉 林	354525	15905	16423
黑 龙 江	35407	4717	5177
上 海	495039	45234	18807
江 苏	706115	62770	29126
浙 江	822317	155524	22813
安 徽	326329	21426	28988
福 建	73671	13801	6921
江 西	69785	10375	6231
山 东	479895	48839	45955
河 南	166099	26010	12554
湖 北	266186	30078	17001
湖 南	378253	35003	16198
广 东	3784299	2037668	35852
广 西	82258	7337	6013
海 南	14962	293	3655
重 庆	155706	44319	7883
四 川	214660	31286	29026
贵 州	82214	7784	6803
云 南	57944	6486	5442
西 藏	205	204	1
陕 西	334886	114875	31503
甘 肃	33447	8667	4995
青 海	9343	3266	2592
宁 夏	10945	1266	3619
新 疆	73071	18080	18686

2-4-2-13 各地区中型工业企业R&D经费外部支出情况

单位：万元

地区	R&D经费外部支出	#对境内研究机构支出	#对境内高等学校支出
全国	**2191549**	**420580**	**149183**
东部地区	1526448	250128	88292
中部地区	395751	102717	38825
西部地区	205708	52620	16121
东北地区	63642	15114	5946
北京	232057	33392	8208
天津	18551	2020	2239
河北	24721	5064	2962
山西	26310	3616	1215
内蒙古	15875	7687	2338
辽宁	27886	5581	2188
吉林	25142	6313	97
黑龙江	10613	3220	3661
上海	98976	6112	2512
江苏	436919	79243	22128
浙江	207196	19790	20246
安徽	81871	26662	7768
福建	64435	9495	6270
江西	77930	40701	3411
山东	172500	42879	14958
河南	40265	8728	5856
湖北	55270	3653	6151
湖南	114106	19357	14425
广东	233770	37810	8695
广西	12142	5431	554
海南	37323	14323	76
重庆	52836	8429	1345
四川	40892	8479	3258
贵州	8776	513	1949
云南	19302	2277	1564
西藏	1775	1477	57
陕西	45565	16633	2810
甘肃	2553	1091	75
青海	759	107	25
宁夏	2956	273	1177
新疆	2278	222	969

2-4-2-14 各地区国有及国有控股工业企业R&D经费外部支出情况

单位：万元

地区	R&D经费外部支出	#对境内研究机构支出	#对境内高等学校支出
全国	**4333755**	**850058**	**412520**
东部地区	2160111	376950	141189
中部地区	788390	149092	89940
西部地区	1001262	262556	140943
东北地区	383992	61461	40448
北京	135783	28494	11573
天津	50537	3587	8542
河北	32991	5222	8272
山西	85263	30166	14544
内蒙古	102384	22151	16838
辽宁	108971	40479	18785
吉林	238683	15359	16462
黑龙江	36339	5623	5201
上海	392007	43014	19523
江苏	206248	30283	22051
浙江	70178	7793	10496
安徽	204897	28209	22233
福建	52135	10240	5403
江西	51954	8118	5552
山东	309708	36964	42350
河南	71005	20178	12255
湖北	253597	28441	17262
湖南	121674	33979	18095
广东	902694	211193	12977
广西	73562	4206	5780
海南	7830	160	4
重庆	140833	24180	9464
四川	175984	34724	27729
贵州	51963	8043	7994
云南	56107	5794	6360
西藏	850	794	57
陕西	268664	128678	35533
甘肃	33538	10319	5178
青海	9680	3511	2599
宁夏	12991	1824	3644
新疆	74707	18332	19767

2-4-2-15 各地区内资工业企业R&D经费外部支出情况

单位：万元

地 区	R&D经费外部支出	#对境内研究机构支出	#对境内高等学校支出
全 国	**11255492**	**3364912**	**750914**
东部地区	7309579	2638558	344210
中部地区	1905256	296149	189020
西部地区	1506835	338371	163832
东北地区	533822	91835	53851
北 京	309537	49873	14986
天 津	154508	16720	11487
河 北	111860	16814	13517
山 西	134930	34792	16204
内蒙古	125118	29689	19245
辽 宁	196550	57830	26634
吉 林	279525	24180	17303
黑龙江	57746	9825	9915
上 海	384470	42674	19484
江 苏	899452	124137	95742
浙 江	736091	187049	60990
安 徽	439032	53345	48675
福 建	138763	31202	14979
江 西	166362	56314	12304
山 东	665400	97384	72594
河 南	220114	29503	23453
湖 北	392300	52721	34570
湖 南	552518	69474	53815
广 东	3868619	2059740	40014
广 西	92438	12234	6295
海 南	40878	12967	416
重 庆	220788	57938	11018
四 川	291170	46228	37970
贵 州	96653	9519	9153
云 南	138975	9522	7785
西 藏	2647	1681	57
陕 西	386720	134648	38070
甘 肃	40326	11681	5852
青 海	12246	3513	2800
宁 夏	17705	2349	5462
新 疆	82051	19369	20126

2-4-2-16 各地区港澳台商投资工业企业R&D经费外部支出情况

单位：万元

地区	R&D经费外部支出	#对境内研究机构支出	#对境内高等学校支出
全 国	**777042**	**135992**	**40060**
东部地区	667113	105000	36553
中部地区	72082	25072	2337
西部地区	19212	4793	750
东北地区	18635	1127	420
北 京	54940	3087	57
天 津	18215	470	4126
河 北	18251	2305	106
山 西	921	161	10
内蒙古	410	118	188
辽 宁	9388	460	200
吉 林	1156	407	
黑龙江	8091	261	220
上 海	97012	871	2035
江 苏	211925	46546	5131
浙 江	49678	2498	5141
安 徽	40648	8498	225
福 建	26497	1555	2748
江 西	3503	905	
山 东	39892	13318	991
河 南	6281	4185	945
湖 北	8626	1047	853
湖 南	12105	10275	304
广 东	129511	33436	12860
广 西	190	53	56
海 南	21191	915	3358
重 庆	3238	2506	38
四 川	12437	298	369
贵 州			
云 南	1826	1819	
西 藏			
陕 西	1071		98
甘 肃			
青 海			
宁 夏			
新 疆	40		

2-4-2-17　各地区外商投资工业企业R&D经费外部支出情况

单位：万元

地　区	R&D经费外部支出	#对境内研究机构支出	#对境内高等学校支出
全　国	**1906529**	**113190**	**33135**
东部地区	1550477	85280	25622
中部地区	83751	16972	3727
西部地区	102864	6891	3312
东北地区	169438	4047	474
北　京	37780	302	3752
天　津	43968	583	326
河　北	95956	5083	639
山　西	1151	298	174
内蒙古	4022	2992	915
辽　宁	60429	738	413
吉　林	109006	3309	58
黑龙江	2		2
上　海	177622	25938	2148
江　苏	452647	20126	5133
浙　江	431024	6277	5698
安　徽	21023	1250	402
福　建	19361	712	1645
江　西	10360	1277	629
山　东	70360	952	2260
河　南	14808	8406	681
湖　北	21345	1952	1312
湖　南	15063	3790	531
广　东	212165	16508	4022
广　西	6556	1701	684
海　南	9595	8800	
重　庆	47791	34	3
四　川	10670	332	702
贵　州	915	303	118
云　南	12412	1157	464
西　藏	1		1
陕　西	20428	372	357
甘　肃			
青　海			
宁　夏	70		70
新　疆			

第二部分

工业企业研发活动情况

工业企业办研发机构情况

(2022)

2-5-1 分登记注册类型工业企业办研发机构情况

登记注册类型	机构数（个）	机构人员数（人）	#博士	#硕士	机构经费支出（万元）	仪器和设备原价（万元）
合 计	**136836**	**4418883**	**51765**	**422451**	**181613342**	**138758055**
国有及国有控股	**7992**	**700809**	**11320**	**159807**	**40220224**	**41076149**
内资企业	**123132**	**3569819**	**44136**	**340996**	**144051795**	**110174846**
国有企业	613	43909	944	9634	2174969	3818990
集体企业	79	1483	23	212	60186	45937
股份合作企业	157	3229	23	182	110699	81017
联营企业	20	755	11	97	39488	18759
有限责任公司	19574	894906	11523	112138	45389852	41989676
股份有限公司	6465	562890	8795	104819	27161806	16650004
私营企业	96196	2060305	22782	113461	69053737	47428149
其他企业	28	2342	35	453	61060	142316
港、澳、台商投资企业	**7105**	**458206**	**3421**	**34950**	**17508955**	**12864926**
合资经营企业	2167	124547	1199	9160	5437516	4281319
合作经营企业	63	2279	19	83	75181	63787
港、澳、台商独资经营企业	4196	243464	1138	12119	7667495	6456078
港、澳、台商投资股份有限公司	555	82213	911	12689	3845151	1942921
其他港、澳、台投资企业	124	5703	154	899	483612	120822
外商投资企业	**6599**	**390858**	**4208**	**46505**	**20052591**	**15718283**
中外合资经营企业	2445	156085	2014	22554	10133414	7016817
中外合作经营企业	55	3301	11	330	138430	124911
外资企业	3659	190530	1380	16770	7526809	7115273
外商投资股份有限公司	367	35474	756	6414	2049855	1294134
其他外商投资企业	73	5468	47	437	204084	167148

2-5-2　分登记注册类型大型工业企业办研发机构情况

登记注册类型	机构数（个）	机构人员数（人）	#博士	#硕士	机构经费支出（万元）	仪器和设备原价（万元）
合　计	**7907**	**1565171**	**18680**	**237789**	**87322154**	**57970764**
国有及国有控股	**2256**	**463789**	**7997**	**123531**	**29991220**	**24575718**
内资企业	**6057**	**1108996**	**14672**	**182066**	**63460822**	**41889670**
国有企业	151	26082	779	7104	1461157	2885064
集体企业	1	330	6	151	28135	11553
股份合作企业	3	486	5	91	40847	8143
联营企业	2	475	7	66	23358	10467
有限责任公司	2072	385492	5080	63156	25322704	18707867
股份有限公司	1811	362813	5139	79863	19291847	10651489
私营企业	2014	332026	3647	31335	17267260	9584917
其他企业	3	1292	9	300	25514	30171
港、澳、台商投资企业	**963**	**257920**	**1906**	**24875**	**11020326**	**7368947**
合资经营企业	270	62749	604	5447	3189379	2210399
合作经营企业	5	619	6	14	17188	7164
港、澳、台商独资经营企业	487	128664	580	8189	4514981	3752397
港、澳、台商投资股份有限公司	192	63294	606	10577	2931773	1351342
其他港、澳、台投资企业	9	2594	110	648	367006	47646
外商投资企业	**887**	**198255**	**2102**	**30848**	**12841006**	**8712147**
中外合资经营企业	308	83663	1076	16038	7237662	4241341
中外合作经营企业	9	1864	4	260	98876	69717
外资企业	435	86371	545	9913	4019787	3442150
外商投资股份有限公司	124	23310	469	4452	1357883	888283
其他外商投资企业	11	3047	8	185	126799	70656

2-5-3 分登记注册类型中型工业企业办研发机构情况

登记注册类型	机构数（个）	机构人员数（人）	#博士	#硕士	机构经费支出（万元）	仪器和设备原价（万元）
合 计	**20708**	**1154227**	**11615**	**89289**	**42621946**	**35141455**
国有及国有控股	**2585**	**153360**	**1996**	**24442**	**6735190**	**8068591**
内资企业	**16795**	**926626**	**9704**	**74026**	**34298387**	**27952667**
国有企业	226	12390	89	1740	532283	569746
集体企业	12	174	4	13	6959	13303
股份合作企业	19	706	2	21	22492	33892
联营企业	5	126	1	16	9084	5167
有限责任公司	4406	253838	2742	27882	11000076	10849444
股份有限公司	2135	137163	2333	17575	5477244	4223398
私营企业	9987	521911	4525	26770	17233888	12196057
其他企业	5	318	8	9	16360	61660
港、澳、台商投资企业	**2063**	**118027**	**833**	**5954**	**3982679**	**3121321**
合资经营企业	620	35056	321	2113	1326565	1118870
合作经营企业	14	645		11	20027	13987
港、澳、台商独资经营企业	1189	67012	247	2161	1866148	1460219
港、澳、台商投资股份有限公司	193	13729	243	1542	704031	485860
其他港、澳、台投资企业	47	1585	22	127	65908	42384
外商投资企业	**1850**	**109574**	**1078**	**9309**	**4340879**	**4067468**
中外合资经营企业	661	40623	437	3874	1722682	1677046
中外合作经营企业	16	758	3	42	15244	36413
外资企业	1038	58942	457	3950	2100488	2043069
外商投资股份有限公司	117	7918	155	1259	457140	274389
其他外商投资企业	18	1333	26	184	45325	36551

2-5-4 分行业工业企业办研发机构情况

行业	机构数（个）	机构人员数（人）	#博士	#硕士	机构经费支出（万元）	仪器和设备原价（万元）
合计	**136836**	**4418883**	**51765**	**422451**	**181613342**	**138758055**
采矿业	**1014**	**68505**	**1348**	**11468**	**2588216**	**1854548**
煤炭开采和洗选业	300	26070	176	1540	707240	648101
石油和天然气开采业	97	20228	775	7818	905553	436406
黑色金属矿采选业	101	5907	145	500	294660	163341
有色金属矿采选业	147	5735	35	347	235086	226624
非金属矿采选业	327	5488	80	281	210696	179801
开采及其他辅助性活动	40	5069	137	982	234846	200234
制造业	**134633**	**4316474**	**49612**	**405752**	**177468097**	**132798530**
农副食品加工业	3830	60082	1701	5905	2421742	1533353
食品制造业	2461	60130	1193	5692	1901828	2470761
酒、饮料和精制茶制造业	1125	30717	545	2415	915224	953727
烟草制品业	64	4268	290	1435	422498	550395
纺织业	5171	113214	805	3282	2778115	2267921
纺织服装、服饰业	1985	48996	264	1157	951537	546163
皮革、毛皮、羽毛及其制品和制鞋业	1651	40338	188	573	804506	302474
木材加工和木、竹、藤、棕、草制品业	1308	18794	227	713	583775	364887
家具制造业	1771	45563	162	1003	1050025	488593
造纸和纸制品业	1743	45392	303	1054	1937579	1591856
印刷和记录媒介复制业	1742	37547	289	1096	954926	1161774
文教、工美、体育和娱乐用品制造业	2665	59522	395	1685	1263948	723430
石油加工、炼焦和核燃料加工业	516	23212	388	2586	1904747	1741281
化学原料和化学制品制造业	9043	228035	4604	22674	11698710	9674339
医药制造业	4581	196809	5573	37978	10523796	7135882
化学纤维制造业	837	32721	306	1310	1420311	1993416
橡胶和塑料制品业	7910	168492	1397	6471	4948907	7591118
非金属矿物制品业	8338	180563	1896	8505	6529279	7861460
黑色金属冶炼和压延加工业	1287	73797	1144	5098	8434652	5477163
有色金属冶炼和压延加工业	2509	74278	1112	4724	4672277	3771368
金属制品业	9546	205208	1750	8121	6293866	4880422
通用设备制造业	12956	336595	3196	27228	10517412	9150365
专用设备制造业	10880	314124	4229	35643	10201122	6158526
汽车制造业	6320	341389	3003	42495	18812156	11702415
铁路、船舶、航空航天和其他运输设备制造业	2124	118666	1222	22103	4394009	5304677
电气机械和器材制造业	14185	490417	4790	41197	21026486	10964103
计算机、通信和其他电子设备制造业	13414	813048	6778	96936	35277969	22787099
仪器仪表制造业	3300	120258	1454	13190	3485376	1995993
其他制造业	633	17964	193	2042	540107	1056352
废弃资源综合利用业	615	10403	195	733	655134	392843
金属制品、机械和设备修理业	123	5932	20	708	146080	204374
电力、热力、燃气及水生产和供应业	**1189**	**33904**	**805**	**5231**	**1557029**	**4104977**
电力、热力生产和供应业	717	22022	646	4033	1135542	3587623
燃气生产和供应业	205	6171	77	448	265602	355024
水的生产和供应业	267	5711	82	750	155885	162331

2-5-5 分行业大型工业企业办研发机构情况

行　业	机构数（个）	机构人员数（人）	#博士	#硕士	机构经费支出（万元）	仪器和设备原价（万元）
合　计	**7907**	**1565171**	**18680**	**237789**	**87322154**	**57970764**
采矿业	**291**	**47664**	**1190**	**10561**	**1851833**	**1095874**
煤炭开采和洗选业	142	17542	160	1422	509485	391095
石油和天然气开采业	82	19558	738	7620	852462	380910
黑色金属矿采选业	20	3208	135	375	129290	59963
有色金属矿采选业	29	2095	17	149	119844	94848
非金属矿采选业	7	803	6	63	23282	25454
开采及其他辅助性活动	11	4458	134	932	217471	143605
制造业	**7529**	**1507781**	**16907**	**223804**	**84994751**	**55951000**
农副食品加工业	108	6181	203	881	279914	190086
食品制造业	164	14499	269	1776	622081	521348
酒、饮料和精制茶制造业	187	13923	179	1263	464806	444379
烟草制品业	26	3124	264	1254	377597	474439
纺织业	173	21766	164	538	573349	378359
纺织服装、服饰业	93	12230	51	275	228544	150056
皮革、毛皮、羽毛及其制品和制鞋业	61	10551	39	85	197816	57193
木材加工和木、竹、藤、棕、草制品业	13	997	2	22	22895	18736
家具制造业	72	14511	32	379	416265	113060
造纸和纸制品业	76	10915	62	302	753109	204022
印刷和记录媒介复制业	30	3825	12	125	95486	49684
文教、工美、体育和娱乐用品制造业	70	11331	43	287	220031	122144
石油加工、炼焦和核燃料加工业	126	13694	292	2046	1180907	1143966
化学原料和化学制品制造业	431	46129	669	5647	3286165	3496979
医药制造业	442	70157	2176	18834	5205875	3100928
化学纤维制造业	106	18014	145	743	853391	1272552
橡胶和塑料制品业	214	33741	290	1829	1247506	1356071
非金属矿物制品业	225	29687	230	1470	1547029	1140263
黑色金属冶炼和压延加工业	271	51140	917	3962	6579807	3723890
有色金属冶炼和压延加工业	267	26460	335	2020	1563964	1676119
金属制品业	272	35792	226	1979	1236281	931569
通用设备制造业	497	77509	742	12202	3438411	2870175
专用设备制造业	355	76063	996	15627	3183188	1397101
汽车制造业	487	183138	1889	35139	13801280	6769570
铁路、船舶、航空航天和其他运输设备制造业	279	65865	775	16590	2745722	3572577
电气机械和器材制造业	961	184232	2381	25856	11015897	4709989
计算机、通信和其他电子设备制造业	1320	439089	3170	66419	22566060	14414265
仪器仪表制造业	120	22929	203	3898	823238	558939
其他制造业	54	6436	102	1516	269532	898541
废弃资源综合利用业	4	851	40	227	116355	37745
金属制品、机械和设备修理业	25	3002	9	613	82254	156257
电力、热力、燃气及水生产和供应业	**87**	**9726**	**583**	**3424**	**475570**	**923889**
电力、热力生产和供应业	68	7600	510	3076	388976	878755
燃气生产和供应业	11	1594	52	234	69304	20315
水的生产和供应业	8	532	21	114	17290	24820

2-5-6 分行业中型工业企业办研发机构情况

行业	机构数（个）	机构人员数（人）	#博士	#硕士	机构经费支出（万元）	仪器和设备原价（万元）
合计	**20708**	**1154227**	**11615**	**89289**	**42621946**	**35141455**
采矿业	**275**	**14068**	**76**	**504**	**418271**	**445243**
煤炭开采和洗选业	119	7732	16	109	162745	210170
石油和天然气开采业	2	168	18	71	672	24
黑色金属矿采选业	40	1873	9	67	121661	66238
有色金属矿采选业	58	2512	8	166	70858	94173
非金属矿采选业	37	1325	22	62	49182	38529
开采及其他辅助性活动	19	458	3	29	13152	36110
制造业	**20262**	**1131748**	**11452**	**87916**	**41751686**	**34114210**
农副食品加工业	450	15844	356	1443	650581	420715
食品制造业	448	18312	234	1487	548575	513823
酒、饮料和精制茶制造业	182	6709	89	343	198275	223138
烟草制品业	23	737	20	105	31223	55272
纺织业	795	38137	251	977	909273	742461
纺织服装、服饰业	413	17132	80	373	359258	170626
皮革、毛皮、羽毛及其制品和制鞋业	299	12737	42	143	236892	84826
木材加工和木、竹、藤、棕、草制品业	86	3989	75	140	125826	53297
家具制造业	256	12717	30	140	248367	166712
造纸和纸制品业	261	12755	93	293	547330	757836
印刷和记录媒介复制业	238	12389	79	364	331224	374418
文教、工美、体育和娱乐用品制造业	395	18623	116	406	387606	234398
石油加工、炼焦和核燃料加工业	77	5881	29	287	506577	429008
化学原料和化学制品制造业	1403	68578	1510	7822	3912644	2833031
医药制造业	1149	66092	1690	11948	3293577	2454646
化学纤维制造业	122	5866	65	163	246641	395011
橡胶和塑料制品业	796	40884	266	1636	1201036	1128128
非金属矿物制品业	1015	51206	396	2007	1800543	2996644
黑色金属冶炼和压延加工业	168	9370	68	466	1065354	1115565
有色金属冶炼和压延加工业	384	19493	275	1099	1367550	1155569
金属制品业	1094	56295	539	2477	1932101	1465116
通用设备制造业	1559	90383	751	6752	2794505	2648189
专用设备制造业	1496	86037	976	9183	2759290	1859042
汽车制造业	1293	77258	406	4041	2838395	2767580
铁路、船舶、航空航天和其他运输设备制造业	456	27096	184	3606	916663	1182069
电气机械和器材制造业	2131	125106	893	8179	4499813	2880405
计算机、通信和其他电子设备制造业	2575	182389	1304	16890	6601401	4195824
仪器仪表制造业	533	41659	588	4797	1174593	659100
其他制造业	83	4104	28	241	102960	50454
废弃资源综合利用业	51	2294	16	70	128631	74977
金属制品、机械和设备修理业	31	1676	3	38	34984	26331
电力、热力、燃气及水生产和供应业	**171**	**8411**	**87**	**869**	**451989**	**582002**
电力、热力生产和供应业	111	5422	71	430	345434	465159
燃气生产和供应业	20	1170	1	104	53623	86945
水的生产和供应业	40	1819	15	335	52932	29898

2-5-7 分行业国有及国有控股工业企业办研发机构情况

行业	机构数（个）	机构人员数（人）	#博士	#硕士	机构经费支出（万元）	仪器和设备原价（万元）
合计	**7992**	**700809**	**11320**	**159807**	**40220224**	**41076149**
采矿业	**462**	**50401**	**1155**	**9521**	**1973205**	**1292208**
煤炭开采和洗选业	199	18167	169	1482	544305	440194
石油和天然气开采业	87	18126	670	6221	811274	392882
黑色金属矿采选业	37	3810	134	467	170468	89449
有色金属矿采选业	83	4373	25	292	176372	181295
非金属矿采选业	45	1467	23	127	53315	44784
开采及其他辅助性活动	11	4458	134	932	217471	143605
制造业	**6972**	**628403**	**9494**	**145913**	**37188399**	**36548192**
农副食品加工业	96	2159	28	162	79404	55197
食品制造业	105	4549	85	743	195945	115334
酒、饮料和精制茶制造业	186	8974	139	983	360863	213612
烟草制品业	47	3539	288	1419	403836	540987
纺织业	59	2704	71	131	55442	63757
纺织服装、服饰业	25	1715	39	61	27459	38592
皮革、毛皮、羽毛及其制品和制鞋业	18	513	9	22	15268	5140
木材加工和木、竹、藤、棕、草制品业	15	520	2	28	27573	10977
家具制造业	6	925	2	193	67986	13318
造纸和纸制品业	52	3300	32	231	151519	70038
印刷和记录媒介复制业	53	2254	28	180	63835	77412
文教、工美、体育和娱乐用品制造业	21	804		29	15709	20958
石油加工、炼焦和核燃料加工业	114	10217	269	1986	604236	698428
化学原料和化学制品制造业	653	36044	751	5927	1952155	3278045
医药制造业	372	22157	555	4876	1283387	845182
化学纤维制造业	49	3519	109	644	190752	255395
橡胶和塑料制品业	149	6485	77	610	241704	3294247
非金属矿物制品业	665	26034	184	1699	1075855	2485573
黑色金属冶炼和压延加工业	136	20156	619	3539	3016672	1244388
有色金属冶炼和压延加工业	288	19571	400	2404	1155014	1221994
金属制品业	343	17677	389	2838	681838	778496
通用设备制造业	587	44764	553	11266	2133679	2111248
专用设备制造业	582	41970	659	10486	1642766	1086023
汽车制造业	461	100108	898	26011	8789569	5222373
铁路、船舶、航空航天和其他运输设备制造业	450	64893	841	18922	2671924	4260401
电气机械和器材制造业	423	28271	430	7258	1575803	1521699
计算机、通信和其他电子设备制造业	656	131828	1681	37737	7794833	5575745
仪器仪表制造业	193	11754	214	3106	466934	333527
其他制造业	78	6930	122	1742	300329	929078
废弃资源综合利用业	43	805	6	49	54912	41687
金属制品、机械和设备修理业	47	3264	14	631	91200	139342
电力、热力、燃气及水生产和供应业	**558**	**22005**	**671**	**4373**	**1058620**	**3235749**
电力、热力生产和供应业	377	16169	594	3716	856478	3013843
燃气生产和供应业	57	2792	36	246	113449	114312
水的生产和供应业	124	3044	41	411	88693	107593

2-5-8 分行业内资工业企业办研发机构情况

行业	机构数（个）	机构人员数（人）	#博士	#硕士	机构经费支出（万元）	仪器和设备原价（万元）
合 计	**123132**	**3569819**	**44136**	**340996**	**144051795**	**110174846**
采矿业	**966**	**63527**	**1233**	**9797**	**2424806**	**1768788**
煤炭开采和洗选业	288	23916	169	1496	663056	620298
石油和天然气开采业	91	18186	670	6223	817271	404752
黑色金属矿采选业	97	5851	145	498	285784	159507
有色金属矿采选业	142	5504	35	344	229421	220863
非金属矿采选业	315	5240	78	276	205075	174563
开采及其他辅助性活动	31	4822	136	960	224065	188765
制造业	**121147**	**3477330**	**42141**	**326374**	**140297500**	**104822554**
农副食品加工业	3581	53135	1526	5107	2165856	1364231
食品制造业	2136	45368	955	4145	1441228	1828898
酒、饮料和精制茶制造业	1023	25747	508	2277	807646	626873
烟草制品业	62	4204	288	1423	420511	547193
纺织业	4664	92876	720	2844	2230858	1873983
纺织服装、服饰业	1690	36145	219	907	719867	342550
皮革、毛皮、羽毛及其制品和制鞋业	1459	30419	153	444	607360	234390
木材加工和木、竹、藤、棕、草制品业	1275	17839	214	678	556573	344979
家具制造业	1611	37520	128	918	871147	410459
造纸和纸制品业	1538	34183	256	829	1266723	1116183
印刷和记录媒介复制业	1571	30431	245	930	786780	888751
文教、工美、体育和娱乐用品制造业	2273	42724	344	1340	957468	549144
石油加工、炼焦和核燃料加工业	473	21481	367	2466	1794895	1602006
化学原料和化学制品制造业	8138	198800	4009	19550	10163463	8149052
医药制造业	4088	158108	4278	28842	7649973	5310598
化学纤维制造业	746	25514	261	1143	1047844	1019538
橡胶和塑料制品业	7100	132648	1240	5294	3916637	6437668
非金属矿物制品业	7960	162651	1787	7897	5902737	6851327
黑色金属冶炼和压延加工业	1191	70033	1109	4869	7812976	5019111
有色金属冶炼和压延加工业	2326	67685	1051	4369	4287710	3138084
金属制品业	8772	177765	1600	7427	5563264	4209657
通用设备制造业	11774	282352	2796	22427	8496527	7459960
专用设备制造业	9914	266117	3475	27883	8136135	4961482
汽车制造业	5386	223652	1791	23502	10175211	7364402
铁路、船舶、航空航天和其他运输设备制造业	1963	106751	1175	21136	3923394	5103520
电气机械和器材制造业	12845	414330	4192	34648	17732104	9080167
计算机、通信和其他电子设备制造业	11354	587331	5735	78394	26709129	15809813
仪器仪表制造业	2982	101477	1330	11359	2901015	1613684
其他制造业	556	15377	181	2001	491027	1029847
废弃资源综合利用业	593	9947	189	698	636614	371386
金属制品、机械和设备修理业	103	4720	19	627	124832	163616
电力、热力、燃气及水生产和供应业	**1019**	**28962**	**762**	**4825**	**1329489**	**3583505**
电力、热力生产和供应业	644	20233	635	3940	1028287	3276987
燃气生产和供应业	130	3625	53	269	159739	161879
水的生产和供应业	245	5104	74	616	141463	144639

2-5-9 分行业港澳台商投资工业企业办研发机构情况

行　业	机构数（个）	机构人员数（人）	#博士	#硕士	机构经费支出（万元）	仪器和设备原价（万元）
合　计	**7105**	**458206**	**3421**	**34950**	**17508955**	**12864926**
采矿业	**27**	**3276**	**98**	**1407**	**103902**	**50321**
煤炭开采和洗选业	7	1172	7	24	24176	5418
石油和天然气开采业	3	1693	90	1367	58691	25533
黑色金属矿采选业	3	26		1	7954	3432
有色金属矿采选业	4	168		3	4354	3970
非金属矿采选业	2	19			447	515
开采及其他辅助性活动	8	198	1	12	8280	11454
制造业	**6994**	**452576**	**3293**	**33266**	**17315107**	**12596043**
农副食品加工业	92	2892	44	184	102395	50576
食品制造业	124	5111	83	475	166567	183379
酒、饮料和精制茶制造业	51	2316	7	58	47647	105867
烟草制品业	2	64	2	12	1987	3203
纺织业	334	14344	59	264	375085	280143
纺织服装、服饰业	188	9803	22	160	177497	131836
皮革、毛皮、羽毛及其制品和制鞋业	130	5987	18	67	102634	46953
木材加工和木、竹、藤、棕、草制品业	15	590	12	23	17502	14895
家具制造业	104	5576	2	58	125504	57817
造纸和纸制品业	136	9128	21	151	473135	197605
印刷和记录媒介复制业	126	5018	35	107	117796	207037
文教、工美、体育和娱乐用品制造业	271	13017	37	272	225344	126923
石油加工、炼焦和核燃料加工业	29	1089	16	87	63755	88868
化学原料和化学制品制造业	438	13937	239	1111	701021	550652
医药制造业	258	21499	650	4153	1610778	1105095
化学纤维制造业	60	4637	34	107	236517	353979
橡胶和塑料制品业	490	23399	86	581	671793	699489
非金属矿物制品业	203	11460	42	285	399774	567395
黑色金属冶炼和压延加工业	49	2274	21	120	201048	344453
有色金属冶炼和压延加工业	104	3665	31	123	211246	478730
金属制品业	476	17774	100	381	447612	415397
通用设备制造业	483	21355	94	1761	727957	683536
专用设备制造业	447	22268	318	3388	882318	556385
汽车制造业	247	43905	395	5935	2333459	844372
铁路、船舶、航空航天和其他运输设备制造业	80	5597	23	294	187330	63886
电气机械和器材制造业	755	43706	286	2403	1803259	1048351
计算机、通信和其他电子设备制造业	1072	128982	539	9847	4527354	3090431
仪器仪表制造业	154	10494	69	783	327446	253956
其他制造业	52	1710	5	21	33370	16317
废弃资源综合利用业	14	371	3	25	11144	16050
金属制品、机械和设备修理业	10	608		30	4835	12472
电力、热力、燃气及水生产和供应业	**84**	**2354**	**30**	**277**	**89947**	**218562**
电力、热力生产和供应业	46	1099	8	72	56185	170350
燃气生产和供应业	24	870	15	133	23126	36621
水的生产和供应业	14	385	7	72	10636	11591

2-5-10 分行业外商投资工业企业办研发机构情况

行业	机构数(个)	机构人员数(人)	#博士	#硕士	机构经费支出(万元)	仪器和设备原价(万元)
合计	**6599**	**390858**	**4208**	**46505**	**20052591**	**15718283**
采矿业	**21**	**1702**	**17**	**264**	**59508**	**35439**
煤炭开采和洗选业	5	982		20	20007	22386
石油和天然气开采业	3	349	15	228	29591	6121
黑色金属矿采选业	1	30		1	923	402
有色金属矿采选业	1	63			1311	1792
非金属矿采选业	10	229	2	5	5174	4723
开采及其他辅助性活动	1	49		10	2501	15
制造业	**6492**	**386568**	**4178**	**46112**	**19855490**	**15379933**
农副食品加工业	157	4055	131	614	153491	118546
食品制造业	201	9651	155	1072	294033	458485
酒、饮料和精制茶制造业	51	2654	30	80	59931	220986
烟草制品业						
纺织业	173	5994	26	174	172172	113795
纺织服装、服饰业	107	3048	23	90	54173	71777
皮革、毛皮、羽毛及其制品和制鞋业	62	3932	17	62	94513	21131
木材加工和木、竹、藤、棕、草制品业	18	365	1	12	9700	5013
家具制造业	56	2467	32	27	53374	20317
造纸和纸制品业	69	2081	26	74	197721	278068
印刷和记录媒介复制业	45	2098	9	59	50351	65986
文教、工美、体育和娱乐用品制造业	121	3781	14	73	81136	47363
石油加工、炼焦和核燃料加工业	14	642	5	33	46097	50407
化学原料和化学制品制造业	467	15298	356	2013	834226	974635
医药制造业	235	17202	645	4983	1263045	720189
化学纤维制造业	31	2570	11	60	135950	619899
橡胶和塑料制品业	320	12445	71	596	360477	453961
非金属矿物制品业	175	6452	67	323	226768	442737
黑色金属冶炼和压延加工业	47	1490	14	109	420628	113600
有色金属冶炼和压延加工业	79	2928	30	232	173321	154554
金属制品业	298	9669	50	313	282991	255368
通用设备制造业	699	32888	306	3040	1292928	1006869
专用设备制造业	519	25739	436	4372	1182670	640659
汽车制造业	687	73832	817	13058	6303487	3493641
铁路、船舶、航空航天和其他运输设备制造业	81	6318	24	673	283285	137271
电气机械和器材制造业	585	32381	312	4146	1491123	835585
计算机、通信和其他电子设备制造业	988	96735	504	8695	4041486	3886855
仪器仪表制造业	164	8287	55	1048	256915	128354
其他制造业	25	877	7	20	15710	10188
废弃资源综合利用业	8	85	3	10	7377	5407
金属制品、机械和设备修理业	10	604	1	51	16413	28286
电力、热力、燃气及水生产和供应业	**86**	**2588**	**13**	**129**	**137593**	**302911**
电力、热力生产和供应业	27	690	3	21	51070	140286
燃气生产和供应业	51	1676	9	46	82738	156524
水的生产和供应业	8	222	1	62	3786	6101

2-5-11 各地区工业企业办研发机构情况

地区	机构数（个）	机构人员数（人）	#博士	#硕士	机构经费支出（万元）	仪器和设备原价（万元）
全国	**136836**	**4418883**	**51765**	**422451**	**181613342**	**138758055**
东部地区	97841	3179709	33574	281178	130039825	86633912
中部地区	29660	808252	11609	81917	32299474	28434302
西部地区	8176	358806	5395	44860	15606934	20253201
东北地区	1159	72116	1187	14496	3667109	3436640
北京	574	50568	1704	14628	3306233	1480875
天津	643	42608	705	7661	1823746	1342942
河北	5010	136678	1234	11222	6783447	4544818
山西	1484	67949	555	5396	2303527	3975015
内蒙古	297	18030	187	1955	1211495	1186929
辽宁	735	39586	494	7234	1593850	1595467
吉林	181	16655	368	4474	1342163	1014135
黑龙江	243	15875	325	2788	731096	827039
上海	911	89450	2260	24691	7115436	4798989
江苏	19586	546946	7827	53281	24370029	19797590
浙江	25401	744408	5198	41689	26271753	14857090
安徽	8383	190209	2675	17278	7703664	6456265
福建	2340	124395	1016	8935	4766060	2867745
江西	5774	135932	1156	6795	5747724	3959678
山东	10859	331215	5149	38863	14699484	13084925
河南	4800	134669	1850	14453	4699604	5186644
湖北	5763	167672	3213	21465	7139536	5586911
湖南	3456	111821	2160	16530	4705419	3269789
广东	32434	1109947	8442	79960	40682016	23667174
广西	807	31568	280	1999	1138043	1986877
海南	83	3494	39	248	221621	191763
重庆	2469	88031	1086	9230	4262516	6497280
四川	2019	102226	1880	13882	3919046	3285269
贵州	439	22658	196	2415	867788	1133516
云南	552	19715	291	1595	988689	1039292
西藏	9	259	4	36	4741	5916
陕西	715	38848	677	8497	1545278	2632406
甘肃	306	12108	229	1824	296112	1213598
青海	39	2083	40	327	84818	122930
宁夏	311	11107	268	809	604054	503467
新疆	213	12173	257	2291	684354	645722

2-5-12 各地区大型工业企业办研发机构情况

地 区	机构数 (个)	机 构 人员数 (人)	#博士	#硕士	机构经费 支 出 (万元)	仪 器 和 设备原价 (万元)
全 国	**7907**	**1565171**	**18680**	**237789**	**87322154**	**57970764**
东部地区	5123	1089425	12688	159588	62097636	35286928
中部地区	1660	274765	2925	39511	13909483	11548480
西部地区	946	160629	2332	28051	8563408	8837159
东北地区	178	40352	735	10639	2751627	2298197
北 京	70	22110	750	7055	1853849	694825
天 津	76	17465	309	3994	859508	520077
河 北	261	52973	384	5649	3568591	1548270
山 西	190	29958	219	3194	1043710	1523051
内蒙古	53	10836	109	1354	865639	435777
辽 宁	90	18041	274	4401	964216	904378
吉 林	35	12457	249	4161	1237135	883137
黑龙江	53	9854	212	2077	550276	510682
上 海	103	45796	1340	18097	5094185	3239803
江 苏	922	158651	1617	22013	10180111	7536305
浙 江	726	178082	1754	21151	9537177	3736124
安 徽	411	54976	444	7335	3188013	2075947
福 建	231	59621	551	6077	2944776	1521896
江 西	218	37818	229	2689	2079542	1541126
山 东	947	132615	2028	23098	7379356	6121152
河 南	358	53413	517	7496	2334887	2633584
湖 北	282	56301	814	10867	3358709	2124206
湖 南	201	42299	702	7930	1904623	1650566
广 东	1779	420984	3946	52386	20603817	10340836
广 西	47	11384	110	1238	500835	922425
海 南	8	1128	9	68	76266	27641
重 庆	165	30225	384	5299	1944430	1609039
四 川	287	47393	777	7724	2221506	1701220
贵 州	63	11307	77	1265	520745	483601
云 南	50	7479	120	785	447000	434676
西 藏	2	165		14	596	3156
陕 西	119	21550	369	6096	1033944	1926147
甘 肃	67	8208	129	1574	193900	933241
青 海	23	1549	27	299	61598	71066
宁 夏	20	3104	19	285	240511	85786
新 疆	50	7429	211	2118	532705	231026

2-5-13 各地区中型工业企业办研发机构情况

地 区	机构数（个）	机构人员数（人）	#博士	#硕士	机构经费支出（万元）	仪器和设备原价（万元）
全 国	**20708**	**1154227**	**11615**	**89289**	**42621946**	**35141455**
东部地区	14422	837461	7863	60166	30749207	22092825
中部地区	4198	202893	2486	17899	7490644	7527902
西部地区	1827	98845	1085	9257	3898048	4845474
东北地区	261	15028	181	1967	484046	675254
北 京	192	17345	585	4988	954859	531119
天 津	202	13597	208	2048	544023	488345
河 北	645	28699	198	2049	1254360	1233587
山 西	307	19725	111	1200	730029	1237476
内蒙古	90	4533	22	361	213376	614992
辽 宁	182	9943	99	1405	337708	406684
吉 林	32	1753	10	102	42024	48015
黑龙江	47	3332	72	460	104315	220556
上 海	229	24339	504	4246	1204107	914578
江 苏	2741	146125	2040	14175	6209253	5317930
浙 江	3203	211112	1319	9847	7389073	4523214
安 徽	1123	49092	620	4359	1749140	1732018
福 建	538	32017	236	1733	950211	761864
江 西	720	32831	265	1616	1350288	984646
山 东	1838	82612	1346	8230	3427021	2738740
河 南	713	30940	503	3110	1040273	1195120
湖 北	795	42949	584	4069	1542314	1585433
湖 南	540	27356	403	3545	1078600	793210
广 东	4814	280337	1421	12743	8723869	5457003
广 西	177	9498	102	413	322023	581086
海 南	20	1278	6	107	92430	126446
重 庆	567	28840	246	2068	1292410	1130111
四 川	471	26496	377	3375	906328	869749
贵 州	99	7296	47	948	245440	397536
云 南	106	5397	33	370	288157	300688
西 藏						
陕 西	131	8973	109	1282	271488	300264
甘 肃	66	1682	27	80	54797	173339
青 海	4	283	3	14	15926	39808
宁 夏	79	4007	109	276	222031	244744
新 疆	37	1840	10	70	66074	193160

2-5-14 各地区国有及国有控股工业企业办研发机构情况

地区	机构数(个)	机构人员数(人)	#博士	#硕士	机构经费支出(万元)	仪器和设备原价(万元)
全国	**7992**	**700809**	**11320**	**159807**	**40220224**	**41076149**
东部地区	3742	338442	5988	86084	22417455	17404433
中部地区	2384	175875	2514	34491	8537712	9092709
西部地区	1625	153852	2142	29180	7057685	12501041
东北地区	241	32640	676	10052	2207372	2077966
北京	165	22569	954	8112	1625617	814725
天津	119	11637	198	3502	482534	396175
河北	381	22696	282	3829	1241982	1111686
山西	386	25256	234	3962	839830	1487127
内蒙古	69	7139	48	1323	273945	760398
辽宁	145	14924	230	3891	667200	805242
吉林	30	9411	243	3938	1131187	769837
黑龙江	66	8305	203	2223	408985	502887
上海	172	41889	1245	16811	4704696	3183321
江苏	758	45429	724	10885	2670352	2125409
浙江	344	17844	191	2502	1143867	851847
安徽	593	32820	370	4805	1670182	1659107
福建	114	15579	160	2787	689725	507581
江西	280	15178	190	2034	917235	712464
山东	941	68385	1289	15860	3437921	4171583
河南	403	33506	345	6570	1402089	2085905
湖北	419	44508	766	10492	2628817	1917804
湖南	303	24607	609	6628	1079559	1230303
广东	739	92001	933	21733	6404891	4230856
广西	129	12025	155	1388	481227	1140133
海南	9	413	12	63	15871	11249
重庆	320	25502	336	5233	1586709	4302366
四川	331	39092	600	7269	1667897	1361922
贵州	135	14134	102	2068	557099	818700
云南	146	10041	147	1115	581657	543821
西藏	2	165		14	596	3156
陕西	223	25715	429	6657	1008981	2080875
甘肃	133	8658	119	1563	228604	1013474
青海	28	1513	26	309	54554	43572
宁夏	36	2161	46	342	97421	93072
新疆	73	7707	134	1899	518995	339554

2-5-15 各地区内资工业企业办研发机构情况

地　区	机构数（个）	机构人员数（人）	#博士	#硕士	机构经费支出（万元）	仪器和设备原价（万元）
全　国	**123132**	**3569819**	**44136**	**340996**	**144051795**	**110174846**
东部地区	85880	2436935	26922	211157	97239326	63148749
中部地区	28440	738315	10940	74976	29368678	25459676
西部地区	7766	331959	5195	42711	14442520	18727332
东北地区	1046	62610	1079	12152	3001272	2839090
北　京	491	41518	1421	12069	2475258	1186332
天　津	535	35114	553	5893	1528265	1037107
河　北	4803	110603	1148	8630	5208289	4124379
山　西	1450	65014	546	5235	2226422	3901320
内蒙古	280	16844	146	1706	1141395	756369
辽　宁	652	33109	420	5891	1238826	1344482
吉　林	162	13936	335	3507	1040811	694123
黑龙江	232	15565	324	2754	721635	800484
上　海	630	53406	1518	13470	4016969	2970195
江　苏	17045	415032	6525	40893	18245490	13539651
浙　江	23025	616374	3757	28229	20345231	11956584
安　徽	7990	173193	2487	15754	6917863	5820781
福　建	1924	87259	762	6998	3493887	1876046
江　西	5477	122521	1091	6112	5088659	3246701
山　东	10040	288992	4557	32822	12783493	11232086
河　南	4639	127063	1690	13228	4403721	4883829
湖　北	5548	151557	3070	19502	6395444	4541662
湖　南	3336	98967	2056	15145	4336569	3065384
广　东	27311	785456	6643	61932	28961283	15045471
广　西	734	23535	218	1419	890877	1626808
海　南	76	3181	38	221	181161	180898
重　庆	2370	80305	1072	8746	3803968	6279781
四　川	1908	97348	1835	13413	3747619	3129088
贵　州	418	21657	194	2361	845663	1123001
云　南	527	18870	287	1533	929399	978345
西　藏	9	259	4	36	4741	5916
陕　西	681	37009	672	8354	1478527	2428263
甘　肃	305	12079	229	1824	295880	1213580
青　海	39	2083	40	327	84818	122930
宁　夏	293	10501	247	756	582762	467535
新　疆	202	11469	251	2236	636870	595716

2-5-16 各地区港澳台商投资工业企业办研发机构情况

地区	机构数（个）	机构人员数（人）	#博士	#硕士	机构经费支出（万元）	仪器和设备原价（万元）
全国	**7105**	**458206**	**3421**	**34950**	**17508955**	**12864926**
东部地区	6355	417405	3086	32253	16016560	11653949
中部地区	568	31770	281	2163	1168207	820125
西部地区	151	7718	35	416	284704	347704
东北地区	31	1313	19	118	39484	43148
北京	28	3123	102	995	397818	68418
天津	39	3320	78	1021	96436	109837
河北	76	17608	45	2014	1004417	239628
山西	8	758	4	29	17727	20509
内蒙古	8	570	3	36	34466	17648
辽宁	22	1093	18	113	33480	39059
吉林	7	146	1	2	5022	3059
黑龙江	2	74		3	982	1029
上海	92	8305	201	1761	481330	443991
江苏	1038	63624	692	5787	2941121	2651123
浙江	1074	64625	447	7000	2841994	1616245
安徽	168	7444	104	695	384552	251449
福建	259	22986	171	1366	841512	654668
江西	162	6060	18	134	321323	116490
山东	322	18915	255	2165	962477	1019314
河南	72	3046	33	250	98525	133311
湖北	90	5055	62	399	175492	199933
湖南	68	9407	60	656	170589	98433
广东	3422	214671	1094	10117	6420521	4844676
广西	29	1615	6	16	40489	149926
海南	5	228	1	27	28937	6048
重庆	40	2350	5	79	105535	48413
四川	38	1536	14	206	63340	54580
贵州	11	805	1	24	12038	4389
云南	13	369	2	43	13197	33070
西藏						
陕西	5	227			10064	32448
甘肃						
青海						
宁夏	5	89	4	5	4395	5668
新疆	2	157		7	1180	1562

2-5-17 各地区外商投资工业企业办研发机构情况

地 区	机构数（个）	机构人员数（人）	#博士	#硕士	机构经费支出（万元）	仪器和设备原价（万元）
全 国	**6599**	**390858**	**4208**	**46505**	**20052591**	**15718283**
东部地区	5606	325369	3566	37768	16783939	11831214
中部地区	652	38167	388	4778	1762589	2154501
西部地区	259	19129	165	1733	879711	1178165
东北地区	82	8193	89	2226	626353	554403
北 京	55	5927	181	1564	433157	226125
天 津	69	4174	74	747	199045	195998
河 北	131	8467	41	578	570741	180811
山 西	26	2177	5	132	59378	53186
内 蒙 古	9	616	38	213	35634	412913
辽 宁	61	5384	56	1230	321544	211926
吉 林	12	2573	32	965	296331	316952
黑 龙 江	9	236	1	31	8479	25525
上 海	189	27739	541	9460	2617138	1384803
江 苏	1503	68290	610	6601	3183418	3606816
浙 江	1302	63409	994	6460	3084528	1284261
安 徽	225	9572	84	829	401249	384035
福 建	157	14150	83	571	430661	337031
江 西	135	7351	47	549	337743	596487
山 东	497	23308	337	3876	953514	833525
河 南	89	4560	127	975	197358	169504
湖 北	125	11060	81	1564	568600	845317
湖 南	52	3447	44	729	198261	105973
广 东	1701	109820	705	7911	5300213	3777027
广 西	44	6418	56	564	206676	210143
海 南	2	85			11523	4817
重 庆	59	5376	9	405	353013	169086
四 川	73	3342	31	263	108086	101601
贵 州	10	196	1	30	10087	6126
云 南	12	476	2	19	46092	27877
西 藏						
陕 西	29	1612	5	143	56687	171696
甘 肃	1	29			233	18
青 海						
宁 夏	13	517	17	48	16897	30263
新 疆	9	547	6	48	46304	48444

第二部分

工业企业研发活动情况

工业企业新产品开发及销售情况

(2022)

2-6-1 分登记注册类型工业企业新产品开发及销售情况

单位：万元

登记注册类型	新产品开发项目数(项)	新产品开发经费支出	新产品销售收入	
				#出口
合 计	**1093975**	**255399644**	**3279829736**	**558597692**
国有及国有控股	**113817**	**52380712**	**641298122**	**58053062**
内资企业	**962722**	**205724545**	**2559898028**	**321648632**
国有企业	9026	3006986	32887564	1297281
集体企业	411	83516	694149	124016
股份合作企业	1207	160751	2345893	340895
联营企业	183	68421	1338214	8655
有限责任公司	197998	70360182	856922200	97927989
股份有限公司	78228	31565342	409412814	69370973
私营企业	675331	100322550	1254279309	151762163
其他企业	338	156796	2017886	816661
港、澳、台商投资企业	**62068**	**22274839**	**338522892**	**132878036**
合资经营企业	20786	6995965	115684308	32550049
合作经营企业	478	134771	913928	325362
港、澳、台商独资经营企业	33070	10501751	176660158	86554909
港、澳、台商投资股份有限公司	6649	4069287	43323127	12931986
其他港、澳、台投资企业	1085	573065	1941371	515731
外商投资企业	**69185**	**27400261**	**381408816**	**104071024**
中外合资经营企业	27144	12609622	179295159	25831956
中外合作经营企业	609	177220	2494397	456726
外资企业	35255	11599250	165157335	71627737
外商投资股份有限公司	5495	2803857	32651741	5967224
其他外商投资企业	682	210311	1810185	187381

2-6-2 分登记注册类型大型工业企业新产品开发及销售情况

单位：万元

登记注册类型	新产品开发项目数（项）	新产品开发经费支出	新产品销售收入	#出口
合　计	**136386**	**114975574**	**1648954903**	**372416880**
国有及国有控股	**51187**	**37362110**	**466351722**	**48336257**
内资企业	**106471**	**85147489**	**1159162068**	**187328694**
国有企业	3744	1827138	22942270	1055041
集体企业	7	28314	266824	119646
股份合作企业	60	49448	1199549	271586
联营企业	25	27097	653609	
有限责任公司	42733	40840099	491266352	71386468
股份有限公司	31720	21716830	293158458	55075307
私营企业	28092	20577747	348119840	58654491
其他企业	90	80816	1555166	766156
港、澳、台商投资企业	**14663**	**13283782**	**236975226**	**108921162**
合资经营企业	4680	3910485	77592028	25833260
合作经营企业	55	52934	154316	23774
港、澳、台商独资经营企业	6897	5921309	124444548	71770691
港、澳、台商投资股份有限公司	2923	3020675	33956790	11069445
其他港、澳、台投资企业	108	378379	827545	223991
外商投资企业	**15252**	**16544304**	**252817609**	**76167025**
中外合资经营企业	5800	8170832	121460832	16213604
中外合作经营企业	166	95411	1928599	324179
外资企业	6865	6200880	104324638	55205161
外商投资股份有限公司	2330	2019585	24467501	4320977
其他外商投资企业	91	57596	636040	103104

2-6-3　分登记注册类型中型工业企业新产品开发及销售情况

单位：万元

登记注册类型	新产品开发项目数(项)	新产品开发经费支出	新产品销售收入	#出口
合　计	**214038**	**58072785**	**777844377**	**107954385**
国有及国有控股	**31583**	**9474909**	**113432665**	**7547149**
内资企业	**173645**	**46514630**	**631434277**	**73845552**
国有企业	2998	808697	6367369	159824
集体企业	58	12834	73042	2606
股份合作企业	167	31191	431309	14837
联营企业	54	25890	449028	
有限责任公司	48811	15344005	210869461	17920617
股份有限公司	24812	6629630	80982310	11498209
私营企业	96702	23643947	332042232	44229451
其他企业	43	18437	219527	20008
港、澳、台商投资企业	**19644**	**5346432**	**67734446**	**16636570**
合资经营企业	6660	1746396	25254590	4590510
合作经营企业	108	32668	295785	194085
港、澳、台商独资经营企业	10305	2696863	35067331	10289078
港、澳、台商投资股份有限公司	2184	767643	6442188	1346116
其他港、澳、台投资企业	387	102862	674552	216782
外商投资企业	**20749**	**6211724**	**78675655**	**17472263**
中外合资经营企业	8200	2498152	35477198	6289404
中外合作经营企业	124	37279	184039	72519
外资企业	10603	3093403	36277619	9773178
外商投资股份有限公司	1582	514577	5910857	1287055
其他外商投资企业	240	68313	825943	50107

2-6-4 分行业工业企业新产品开发及销售情况

单位：万元

行 业	新产品开发项目数（项）	新产品开发经费支出	新产品销售收入	#出口
合 计	**1093975**	**255399644**	**3279829736**	**558597692**
采矿业	**8598**	**2623419**	**24516332**	**124579**
煤炭开采和洗选业	2622	886093	8378484	36135
石油和天然气开采业	1257	620239	3875583	
黑色金属矿采选业	794	302945	3298514	
有色金属矿采选业	1020	216094	3431096	23321
非金属矿采选业	1457	249311	3953796	58212
开采及其他辅助性活动	1445	347913	1578274	6911
制造业	**1073803**	**250756165**	**3239486527**	**558293590**
农副食品加工业	22528	4348160	63181232	2442648
食品制造业	18748	2743822	35664242	3691553
酒、饮料和精制茶制造业	6941	1256316	16613056	359754
烟草制品业	1531	272295	7878725	205874
纺织业	28041	4197417	55270683	9310913
纺织服装、服饰业	10885	1523211	22329589	4489127
皮革、毛皮、羽毛及其制品和制鞋业	9658	1400913	16637124	3405048
木材加工和木、竹、藤、棕、草制品业	7433	1025481	13698817	1517771
家具制造业	12178	1486201	18106228	4441297
造纸和纸制品业	12117	2525930	41122329	2572071
印刷和记录媒介复制业	10641	1364620	17593596	1993758
文教、工美、体育和娱乐用品制造业	16635	1977005	23933852	8562924
石油加工、炼焦和核燃料加工业	4437	2356340	59433737	1718696
化学原料和化学制品制造业	66388	14247806	260575419	27729635
医药制造业	56123	12697698	100493102	12364790
化学纤维制造业	5775	1950711	34203131	2270332
橡胶和塑料制品业	53818	7010819	84954515	15717738
非金属矿物制品业	52295	9140684	122556817	6303712
黑色金属冶炼和压延加工业	16916	13845944	185290944	7720145
有色金属冶炼和压延加工业	19919	7415855	141686000	7240178
金属制品业	65260	9137614	116667640	15542704
通用设备制造业	107317	15287009	164964953	22429674
专用设备制造业	98719	15197506	141538983	19541959
汽车制造业	62762	21715505	305127064	26396169
铁路、船舶、航空航天和其他运输设备制造业	24786	7555713	87494502	17457114
电气机械和器材制造业	115098	27241687	435135381	83250877
计算机、通信和其他电子设备制造业	123986	55260911	612862082	242996141
仪器仪表制造业	33454	4907799	34648082	4808974
其他制造业	4793	781119	5962334	1385528
废弃资源综合利用业	2908	640640	12095350	149829
金属制品、机械和设备修理业	1713	243435	1767021	276658
电力、热力、燃气及水生产和供应业	**11574**	**2020060**	**15826877**	**179523**
电力、热力生产和供应业	8882	1521232	7271076	179523
燃气生产和供应业	1338	343496	7567895	
水的生产和供应业	1354	155332	987905	

2-6-5 分行业大型工业企业新产品开发及销售情况

单位：万元

行业	新产品开发项目数(项)	新产品开发经费支出	新产品销售收入	#出口
合计	**136386**	**114975574**	**1648954903**	**372416880**
采矿业	**4888**	**1734134**	**14544456**	**61352**
煤炭开采和洗选业	1763	681620	7913380	36135
石油和天然气开采业	1145	553578	2020550	
黑色金属矿采选业	265	87963	952177	
有色金属矿采选业	344	90089	1794844	
非金属矿采选业	105	21787	456591	25217
开采及其他辅助性活动	1266	299098	1406915	
制造业	**126940**	**112577918**	**1628852254**	**372355528**
农副食品加工业	1048	460081	9707919	243549
食品制造业	2008	738016	13375906	1485225
酒、饮料和精制茶制造业	1128	446374	7974679	167699
烟草制品业	1078	225460	7368948	49332
纺织业	1934	740831	11022940	2748591
纺织服装、服饰业	1002	302650	7484234	1604231
皮革、毛皮、羽毛及其制品和制鞋业	900	328224	4679750	1280345
木材加工和木、竹、藤、棕、草制品业	155	40024	928391	411247
家具制造业	1219	468487	7441677	1306615
造纸和纸制品业	1150	859512	17464067	838609
印刷和记录媒介复制业	414	117535	2299297	714893
文教、工美、体育和娱乐用品制造业	954	281850	5406361	2412508
石油加工、炼焦和核燃料加工业	1828	1436703	35930022	1092037
化学原料和化学制品制造业	4762	3512349	98553375	12729786
医药制造业	10911	5999524	46024084	6662772
化学纤维制造业	1555	1056620	20339912	1214100
橡胶和塑料制品业	3093	1504014	22477563	6809335
非金属矿物制品业	2510	1686572	31147447	1963767
黑色金属冶炼和压延加工业	9213	10698796	145431330	6779787
有色金属冶炼和压延加工业	3666	2924181	55642954	3909139
金属制品业	3663	1390020	21053379	4397944
通用设备制造业	8273	3978662	49120807	8336214
专用设备制造业	7351	3973360	43351272	7180341
汽车制造业	11327	13762576	212278480	18011410
铁路、船舶、航空航天和其他运输设备制造业	6510	4732441	59483066	11611951
电气机械和器材制造业	13395	12579718	242318417	58123946
计算机、通信和其他电子设备制造业	21855	36746457	439237161	208672453
仪器仪表制造业	2680	1055339	6938808	935677
其他制造业	601	358275	1976532	446474
废弃资源综合利用业	41	49189	1411369	366
金属制品、机械和设备修理业	716	124077	982106	215186
电力、热力、燃气及水生产和供应业	**4558**	**663522**	**5558193**	
电力、热力生产和供应业	4276	542301	583180	
燃气生产和供应业	143	103593	4969903	
水的生产和供应业	139	17628	5110	

2-6-6 分行业中型工业企业新产品开发及销售情况

单位：万元

行业	新产品开发项目数（项）	新产品开发经费支出	新产品销售收入	#出口
合 计	**214038**	**58072785**	**777844377**	**107954385**
采矿业	**1347**	**416703**	**3933409**	**49014**
煤炭开采和洗选业	613	161009	342589	
石油和天然气开采业	10	5620		
黑色金属矿采选业	250	113636	1481560	
有色金属矿采选业	260	55983	1138863	17521
非金属矿采选业	141	39234	814155	24582
开采及其他辅助性活动	71	40523	156243	6911
制造业	**210843**	**57083095**	**770934720**	**107771170**
农副食品加工业	3816	1016536	16703526	895792
食品制造业	4016	728486	9591782	1094937
酒、饮料和精制茶制造业	1262	300974	3542982	49552
烟草制品业	221	24679	400697	137140
纺织业	5411	1312708	20668185	3656610
纺织服装、服饰业	2643	522168	7762564	1470819
皮革、毛皮、羽毛及其制品和制鞋业	2109	367305	3990893	823340
木材加工和木、竹、藤、棕、草制品业	731	186012	2962434	512363
家具制造业	2367	372171	4517709	1821094
造纸和纸制品业	2199	675900	12541903	1133819
印刷和记录媒介复制业	1825	401386	6505935	767168
文教、工美、体育和娱乐用品制造业	3128	553955	7609493	2798111
石油加工、炼焦和核燃料加工业	734	552459	17088299	445810
化学原料和化学制品制造业	12541	4406149	80011333	9550297
医药制造业	17837	3703024	31329213	3512608
化学纤维制造业	1051	388939	7553120	617890
橡胶和塑料制品业	7866	1605410	23228139	4452746
非金属矿物制品业	8607	2371865	35529803	2563685
黑色金属冶炼和压延加工业	2320	1959916	22766170	555751
有色金属冶炼和压延加工业	3899	1841760	41622268	1745504
金属制品业	10071	2668308	41268991	5874090
通用设备制造业	18263	3967580	49601370	6802828
专用设备制造业	17206	4041795	39919456	6604374
汽车制造业	16301	4240437	51043533	5431214
铁路、船舶、航空航天和其他运输设备制造业	5868	1442549	16871572	3771243
电气机械和器材制造业	22260	6323219	99042624	15285937
计算机、通信和其他电子设备制造业	27987	9300564	100308358	22793793
仪器仪表制造业	6886	1486750	12644439	2005952
其他制造业	794	146303	1625878	502737
废弃资源综合利用业	366	118202	2261815	42673
金属制品、机械和设备修理业	258	55589	420239	51294
电力、热力、燃气及水生产和供应业	**1848**	**572988**	**2976248**	**134201**
电力、热力生产和供应业	1337	471881	2171566	134201
燃气生产和供应业	270	58685	490302	
水的生产和供应业	241	42423	314380	

2-6-7 分行业国有及国有控股工业企业新产品开发及销售情况

单位：万元

行业	新产品开发项目数（项）	新产品开发经费支出	新产品销售收入	#出口
合计	**113817**	**52380712**	**641298122**	**58053062**
采矿业	**5638**	**1868015**	**17021343**	**61483**
煤炭开采和洗选业	1947	697366	7645955	36135
石油和天然气开采业	1156	546418	3042529	
黑色金属矿采选业	332	119211	1466258	
有色金属矿采选业	619	137549	2682260	
非金属矿采选业	295	56922	777425	25348
开采及其他辅助性活动	1287	309851	1406915	
制造业	**99672**	**49039408**	**618669561**	**57857535**
农副食品加工业	672	140268	1658731	101176
食品制造业	1174	254747	3046306	204235
酒、饮料和精制茶制造业	978	280230	6514662	163939
烟草制品业	1320	246448	7499657	7750
纺织业	459	98662	1514707	377436
纺织服装、服饰业	286	26936	508655	78534
皮革、毛皮、羽毛及其制品和制鞋业	91	17463	148707	4482
木材加工和木、竹、藤、棕、草制品业	120	33883	343866	7761
家具制造业	32	59751	502058	13825
造纸和纸制品业	515	188826	1952339	48633
印刷和记录媒介复制业	570	88103	1288594	17749
文教、工美、体育和娱乐用品制造业	227	31458	196670	19567
石油加工、炼焦和核燃料加工业	1794	923257	20433443	1096945
化学原料和化学制品制造业	6218	2573084	46142824	5250503
医药制造业	5508	1341595	11788843	905579
化学纤维制造业	630	267625	2542634	219843
橡胶和塑料制品业	1429	354201	4227867	900168
非金属矿物制品业	5142	1285784	17998663	613401
黑色金属冶炼和压延加工业	6806	6497584	77634800	5071346
有色金属冶炼和压延加工业	4135	2148477	44237156	1848418
金属制品业	3691	921243	12171016	1428245
通用设备制造业	8629	2515609	26525073	1843312
专用设备制造业	8188	2292412	27165777	3290694
汽车制造业	8653	8786313	133817725	8945388
铁路、船舶、航空航天和其他运输设备制造业	8125	4850503	53416180	7166479
电气机械和器材制造业	6918	2142442	30868044	2256968
计算机、通信和其他电子设备制造业	11477	9419778	76619090	15520455
仪器仪表制造业	3816	688481	3745223	104416
其他制造业	810	365346	1549217	129546
废弃资源综合利用业	329	57339	1230651	
金属制品、机械和设备修理业	930	141561	1380387	220742
电力、热力、燃气及水生产和供应业	**8507**	**1473289**	**5607219**	**134044**
电力、热力生产和供应业	7295	1255827	3713174	134044
燃气生产和供应业	430	121185	1401077	
水的生产和供应业	782	96276	492968	

2-6-8　分行业内资工业企业新产品开发及销售情况

单位：万元

行　　业	新产品开发项目数(项)	新产品开发经费支出	新产品销售收入	#出口
合　计	**962722**	**205724545**	**2559898028**	**321648632**
采矿业	**8266**	**2470513**	**23052114**	**115173**
煤炭开采和洗选业	2488	827626	8344912	36135
石油和天然气开采业	1176	553699	3042529	
黑色金属矿采选业	775	291160	3039275	
有色金属矿采选业	995	212275	3376554	23321
非金属矿采选业	1411	245835	3781931	48806
开采及其他辅助性活动	1418	339095	1466327	6911
制造业	**944154**	**201482626**	**2527120609**	**321353936**
农副食品加工业	20518	3862841	54445832	2075521
食品制造业	15803	2183071	28158293	2885142
酒、饮料和精制茶制造业	6018	1102222	15548304	309203
烟草制品业	1514	270916	7823438	193780
纺织业	24409	3501698	45851278	6420269
纺织服装、服饰业	9243	1195153	15971392	2635486
皮革、毛皮、羽毛及其制品和制鞋业	8395	1089280	12500858	2228012
木材加工和木、竹、藤、棕、草制品业	7065	975017	13035207	1181037
家具制造业	10973	1252997	15026216	3334651
造纸和纸制品业	10266	1710178	26478315	1172370
印刷和记录媒介复制业	9473	1151982	14812518	1250378
文教、工美、体育和娱乐用品制造业	13994	1568461	18197389	4890009
石油加工、炼焦和核燃料加工业	3997	2095232	56614793	1327704
化学原料和化学制品制造业	58753	12353557	232775182	24073633
医药制造业	48541	9141398	80196523	8554575
化学纤维制造业	4885	1583761	26305832	1760130
橡胶和塑料制品业	47250	5730958	69557646	11521356
非金属矿物制品业	49055	8253551	110939330	4792079
黑色金属冶炼和压延加工业	15780	12655651	175751499	7262746
有色金属冶炼和压延加工业	18514	6833887	128158519	6086839
金属制品业	59431	8180615	103973449	10746702
通用设备制造业	95523	12435398	128520334	15016470
专用设备制造业	87855	12437695	116475440	13832145
汽车制造业	49393	11949938	162978342	16060225
铁路、船舶、航空航天和其他运输设备制造业	22654	6915238	77246894	12899942
电气机械和器材制造业	102563	22780587	364484338	60022776
计算机、通信和其他电子设备制造业	103658	42614282	377856267	94101871
仪器仪表制造业	30294	4134826	28980422	3221320
其他制造业	4248	710927	5280024	1128481
废弃资源综合利用业	2750	617250	11643340	149829
金属制品、机械和设备修理业	1339	194059	1533395	219256
电力、热力、燃气及水生产和供应业	**10302**	**1771405**	**9725305**	**179523**
电力、热力生产和供应业	8256	1417684	6645432	179523
燃气生产和供应业	825	217638	2161766	
水的生产和供应业	1221	136082	918107	

2-6-9 分行业港澳台商投资工业企业新产品开发及销售情况

单位：万元

行业	新产品开发项目数(项)	新产品开发经费支出	新产品销售收入	#出口
合 计	**62068**	**22274839**	**338522892**	**132878036**
采矿业	**216**	**103355**	**322029**	**3042**
煤炭开采和洗选业	70	35191	33572	
石油和天然气开采业	68	45051		
黑色金属矿采选业	15	11748	143655	
有色金属矿采选业	15	3017	17514	
非金属矿采选业	29	1909	15341	3042
开采及其他辅助性活动	19	6438	111947	
制造业	**61297**	**22062375**	**333039229**	**132874994**
农副食品加工业	813	165692	2875376	56021
食品制造业	1220	221620	2476179	628315
酒、饮料和精制茶制造业	408	80450	576974	29160
烟草制品业	17	1379	55286	12094
纺织业	2548	495589	6972643	2144759
纺织服装、服饰业	1030	235173	4974826	1379315
皮革、毛皮、羽毛及其制品和制鞋业	778	167754	2781559	858325
木材加工和木、竹、藤、棕、草制品业	158	24687	348447	213336
家具制造业	817	155113	1915866	528788
造纸和纸制品业	1213	499475	8347486	562582
印刷和记录媒介复制业	785	128559	1706548	426228
文教、工美、体育和娱乐用品制造业	1688	278433	3896594	2356290
石油加工、炼焦和核燃料加工业	327	210938	1972263	279470
化学原料和化学制品制造业	3638	826131	11495912	1182124
医药制造业	3743	1855933	11520310	1664137
化学纤维制造业	566	239628	4881396	274544
橡胶和塑料制品业	3851	765215	9928515	2642894
非金属矿物制品业	1651	457428	7609734	817770
黑色金属冶炼和压延加工业	578	470591	3920815	157623
有色金属冶炼和压延加工业	733	267818	5244737	475902
金属制品业	3230	550335	7300923	3113498
通用设备制造业	4146	872314	11637601	3080069
专用设备制造业	4712	1172933	10885320	2641911
汽车制造业	3144	2467226	32089937	3642067
铁路、船舶、航空航天和其他运输设备制造业	798	217835	3100904	1068848
电气机械和器材制造业	6415	2208483	38713820	14257888
计算机、通信和其他电子设备制造业	10408	6560870	132656572	87346744
仪器仪表制造业	1249	390600	2163362	829404
其他制造业	358	40982	531568	192289
废弃资源综合利用业	86	14056	316557	
金属制品、机械和设备修理业	189	19138	141199	12601
电力、热力、燃气及水生产和供应业	**555**	**109109**	**5161634**	
电力、热力生产和供应业	324	61266	423797	
燃气生产和供应业	151	34053	4680262	
水的生产和供应业	80	13790	57574	

2-6-10 分行业外商投资工业企业新产品开发及销售情况

单位：万元

行业	新产品开发项目数(项)	新产品开发经费支出	新产品销售收入	#出口
合 计	**69185**	**27400261**	**381408816**	**104071024**
采矿业	**116**	**49551**	**1142189**	**6364**
煤炭开采和洗选业	64	23276		
石油和天然气开采业	13	21489	833054	
黑色金属矿采选业	4	37	115584	
有色金属矿采选业	10	802	37028	
非金属矿采选业	17	1566	156524	6364
开采及其他辅助性活动	8	2381		
制造业	**68352**	**27211163**	**379326689**	**104064660**
农副食品加工业	1197	319627	5860023	311106
食品制造业	1725	339131	5029770	178097
酒、饮料和精制茶制造业	515	73644	487778	21392
烟草制品业				
纺织业	1084	200131	2446762	745885
纺织服装、服饰业	612	92886	1383370	474327
皮革、毛皮、羽毛及其制品和制鞋业	485	143879	1354706	318711
木材加工和木、竹、藤、棕、草制品业	210	25776	315164	123397
家具制造业	388	78091	1164147	577858
造纸和纸制品业	638	316278	6296527	837119
印刷和记录媒介复制业	383	84079	1074530	317153
文教、工美、体育和娱乐用品制造业	953	130110	1839869	1316624
石油加工、炼焦和核燃料加工业	113	50171	846681	111522
化学原料和化学制品制造业	3997	1068118	16304325	2473878
医药制造业	3839	1700368	8776269	2146079
化学纤维制造业	324	127322	3015903	235657
橡胶和塑料制品业	2717	514646	5468353	1553489
非金属矿物制品业	1589	429706	4007753	693862
黑色金属冶炼和压延加工业	558	719701	5618631	299775
有色金属冶炼和压延加工业	672	314150	8282743	677437
金属制品业	2599	406664	5393268	1682504
通用设备制造业	7648	1979297	24807017	4333135
专用设备制造业	6152	1586879	14178224	3067904
汽车制造业	10225	7298340	110058784	6693876
铁路、船舶、航空航天和其他运输设备制造业	1334	422639	7146704	3488324
电气机械和器材制造业	6120	2252617	31937224	8970213
计算机、通信和其他电子设备制造业	9920	6085759	102349243	61547527
仪器仪表制造业	1911	382373	3504298	758251
其他制造业	187	29209	150743	64758
废弃资源综合利用业	72	9334	135453	
金属制品、机械和设备修理业	185	30238	92427	44801
电力、热力、燃气及水生产和供应业	**717**	**139546**	**939938**	
电力、热力生产和供应业	302	42282	201847	
燃气生产和供应业	362	91804	725867	
水的生产和供应业	53	5460	12224	

2-6-11 各地区工业企业新产品开发及销售情况

单位：万元

地区	新产品开发项目数(项)	新产品开发经费支出	新产品销售收入	#出口
全国	**1093975**	**255399644**	**3279829736**	**558597692**
东部地区	775414	176478054	2171845234	435851961
中部地区	188033	46248238	720171186	83959559
西部地区	100817	25187931	301063417	30773493
东北地区	29711	7485420	86749899	8012678
北京	16838	6503315	56037315	9631096
天津	16711	3173750	48684233	7268584
河北	34170	8594266	94746340	9866625
山西	7997	1934732	35548442	5550339
内蒙古	4920	1755523	31474555	1462101
辽宁	17134	4303272	51025506	6431376
吉林	5072	1829608	21770234	1041963
黑龙江	7505	1352541	13954159	539339
上海	27316	11394201	107853308	17465853
江苏	131118	38132096	511183110	104563579
浙江	188833	27110707	412818209	86635828
安徽	42535	10408238	175804744	22430793
福建	35707	9211097	77576517	17645690
江西	32823	6090169	116447505	14687643
山东	100611	20292881	378471673	52387112
河南	29852	6671623	106560217	25095971
湖北	27918	10491710	148093045	8954789
湖南	46908	10651767	137717233	7240025
广东	221782	51594669	480751067	130111440
广西	11634	2227761	28604514	2404781
海南	2328	471074	3723463	276154
重庆	22057	5440210	67957239	13546392
四川	28673	6200605	68318949	6964635
贵州	5805	1181164	13598616	520103
云南	6498	1562594	16313423	317914
西藏	78	12625	84198	
陕西	13423	3767599	43640760	4771920
甘肃	2520	686626	11219647	394547
青海	327	213279	3751761	23368
宁夏	2347	783017	9244972	228765
新疆	2535	1356929	6854785	138967

2-6-12 各地区大型工业企业新产品开发及销售情况

单位：万元

地　区	新产品开发项目数(项)	新产品开发经费支出	新产品销售收入	#出口
全　国	**136386**	**114975574**	**1648954903**	**372416880**
东部地区	82737	79535844	1079265937	276765867
中部地区	25163	18354463	328354615	66946117
西部地区	22075	12562469	185181167	23729349
东北地区	6411	4522798	56153185	4975547
北　京	3013	3054557	33058987	7706764
天　津	2482	1246084	27409931	4827189
河　北	4371	4604906	48531790	6719134
山　西	2186	1116295	26850295	5030718
内蒙古	1603	1040586	23706992	1054406
辽　宁	3205	2208973	29404727	3624683
吉　林	1178	1411727	16631065	888930
黑龙江	2028	902099	10117393	461934
上　海	4814	6189494	62001181	11462724
江　苏	15205	14501656	242645421	68321267
浙　江	13366	8178524	159248817	40454853
安　徽	5667	4327331	81753862	16022242
福　建	5186	4055104	40871010	11637110
江　西	3303	2205732	52055811	11603573
山　东	14229	8654991	176088340	34261126
河　南	5208	3048563	71906514	23019359
湖　北	4358	4459478	51270762	6256221
湖　南	4441	3197065	44517371	5014004
广　东	19604	28887749	287192203	91143628
广　西	2039	1133245	16715632	888779
海　南	467	162780	2218256	232072
重　庆	3983	2192915	36723615	11343252
四　川	6511	3132078	43678798	5490203
贵　州	1632	590546	8156130	199592
云　南	1910	684722	6712578	146923
西　藏	1	5		
陕　西	2256	2145300	28382260	4112085
甘　肃	831	387768	8212687	353059
青　海	81	91628	2214569	14576
宁　夏	296	293003	6431025	14375
新　疆	932	870672	4246880	112100

2-6-13 各地区中型工业企业新产品开发及销售情况

单位：万元

地区	新产品开发项目数(项)	新产品开发经费支出	新产品销售收入	
				#出口
全国	**214038**	**58072785**	**777844377**	**107954385**
东部地区	147588	40468265	539341613	91551718
中部地区	34800	10175240	156970151	9599331
西部地区	25482	6104802	64992531	4661237
东北地区	6168	1324479	16540083	2142099
北京	4624	1784780	11657664	1073279
天津	3725	891120	11288279	1616713
河北	5762	1557874	19129947	1917897
山西	1798	425144	4787249	348444
内蒙古	1531	462149	6086789	376269
辽宁	3617	972931	11806942	2025890
吉林	1178	190237	2959736	83980
黑龙江	1373	161311	1773405	32229
上海	5985	2471647	25952107	4121350
江苏	26543	9756549	136245973	22075017
浙江	33707	7530155	120878924	23946387
安徽	7552	2330840	40061309	3449286
福建	8857	2259914	19322994	3891883
江西	5427	1307002	22779824	1576429
山东	17844	4619960	102564078	10547009
河南	6053	1523129	17797067	1254683
湖北	5697	2270919	37865778	1686590
湖南	8273	2318207	33678925	1283899
广东	39953	9431240	91850556	22327402
广西	2565	487222	6430798	867604
海南	588	165026	451091	34780
重庆	6474	1606395	16662742	1472831
四川	6881	1424686	13799206	893939
贵州	1418	318086	3286938	270414
云南	1357	382887	5441510	68174
西藏	22	8531	53112	
陕西	3490	715486	7893409	478832
甘肃	524	125569	998913	16999
青海	65	82526	1109130	7569
宁夏	706	247896	1833359	186271
新疆	449	243368	1396627	22335

2-6-14 各地区国有及国有控股工业企业新产品开发及销售情况

单位：万元

地　　区	新产品开发项目数（项）	新产品开发经费支出	新产品销售收入	
				#出口
全　　国	**113817**	**52380712**	**641298122**	**58053062**
东部地区	51475	25758405	332024867	36547963
中部地区	25986	12347592	146441431	11808043
西部地区	29064	10742200	122125273	7137323
东北地区	7292	3532514	40706552	2559733
北　　京	5340	2228999	14833500	860599
天　　津	3078	782603	15417793	710796
河　　北	3916	1824360	25749275	1459332
山　　西	2757	992879	15947588	1318633
内 蒙 古	1459	762701	8424547	566850
辽　　宁	3557	1483269	18947898	2167120
吉　　林	1145	1235085	13766730	148773
黑 龙 江	2590	814161	7991924	243840
上　　海	5389	4750719	56804093	7159668
江　　苏	9200	3742974	53407966	7567161
浙　　江	3669	1087099	16928189	1093323
安　　徽	5182	2308030	34695563	3950358
福　　建	2597	1273331	10534824	1444445
江　　西	2722	1158471	19906316	1572439
山　　东	10361	4109915	70846112	8316057
河　　南	4659	1732496	15327020	917718
湖　　北	5315	3673340	29314589	2822611
湖　　南	5351	2482377	31250355	1226285
广　　东	7628	5917454	67390214	7935303
广　　西	2607	815070	11175303	873250
海　　南	297	40953	112902	1280
重　　庆	5036	1869389	24543780	2124703
四　　川	6346	2612661	29933459	2068528
贵　　州	2442	676970	8620904	337358
云　　南	2818	750087	6506743	124492
西　　藏	7	6790	53162	
陕　　西	5122	1987101	18478376	860682
甘　　肃	1476	456987	8526816	123874
青　　海	124	92839	1631391	14576
宁　　夏	642	151095	2149996	26002
新　　疆	985	560512	2080797	17011

2-6-15 各地区内资工业企业新产品开发及销售情况

单位：万元

地区	新产品开发项目数(项)	新产品开发经费支出	新产品销售收入	#出口
全国	**962722**	**205724545**	**2559898028**	**321648632**
东部地区	664364	134788366	1593936441	247417232
中部地区	177149	42286131	626016952	47724207
西部地区	94597	22665885	267389688	19969287
东北地区	26612	5984162	72554947	6537907
北京	13897	4558035	28009474	1777197
天津	13971	2466522	34807516	4480237
河北	31605	6712326	81651997	7921725
山西	7771	1886124	31218257	3584622
内蒙古	4488	1646794	27945691	1216114
辽宁	14919	3353440	41917378	5033632
吉林	4467	1313934	16853271	972928
黑龙江	7226	1316788	13784298	531347
上海	19414	6364401	53019183	10544222
江苏	107510	27927349	367884758	46026939
浙江	169371	21657077	325201747	63225772
安徽	39585	9384457	152155685	15165461
福建	29067	7139079	55233913	8760930
江西	30808	5518944	103132030	11226104
山东	91769	17745394	327170862	39060199
河南	28316	6231186	84114217	8621580
湖北	25890	9393600	128802482	5034015
湖南	44779	9871820	126594281	4092424
广东	185776	39853686	318493036	65447205
广西	10556	1715345	21490105	1648560
海南	1984	364498	2463955	172808
重庆	20408	4758323	54971405	5967166
四川	26886	5721643	62814252	5036201
贵州	5641	1146758	13240774	512276
云南	6208	1501895	15299310	291005
西藏	76	11885	69036	
陕西	12845	3321524	42143880	4607421
甘肃	2497	679107	11175653	394088
青海	317	203203	3623436	23368
宁夏	2236	752051	8766722	135968
新疆	2439	1207358	5849425	137119

2-6-16 各地区港澳台商投资工业企业新产品开发及销售情况

单位：万元

地 区	新产品开发项目数（项）	新产品开发经费支出	新产品销售收入	#出口
全 国	**62068**	**22274839**	**338522892**	**132878036**
东部地区	54468	19944267	278549390	101613208
中部地区	4924	1632812	52656717	29829076
西部地区	1976	531687	5728353	1260066
东北地区	700	166072	1588431	175686
北 京	1014	1176233	21775678	6970158
天 津	933	183692	2848014	885885
河 北	903	1132880	8433794	1715100
山 西	68	6744	3742283	1859983
内蒙古	186	36207	1190702	215320
辽 宁	519	131883	1230806	164660
吉 林	70	10691	325389	4938
黑龙江	111	23498	32237	6088
上 海	2650	1158676	10756203	2975097
江 苏	9066	4355528	69092689	30959140
浙 江	8706	2797270	35445068	7851632
安 徽	1414	450697	14086338	5730055
福 建	3811	1237686	15587808	6794551
江 西	984	280606	8165869	2921910
山 东	3629	1121708	21146985	3532025
河 南	630	179863	17442434	16205300
湖 北	603	327972	3478133	238632
湖 南	1225	386930	5741660	2873196
广 东	23577	6728885	93197144	39928570
广 西	315	57626	631718	311315
海 南	179	51708	266007	1052
重 庆	432	211689	2295939	495883
四 川	670	150264	812226	111788
贵 州	75	11052	149786	716
云 南	122	19842	340578	24207
西 藏				
陕 西	107	26239	204823	99212
甘 肃	6	310	4500	
青 海	5	175		
宁 夏	32	11830	69083	
新 疆	26	6454	29000	1627

2-6-17　各地区外商投资工业企业新产品开发及销售情况

单位：万元

地　　区	新产品开发项目数(项)	新产品开发经费支出	新产品销售收入	#出口
全　　国	**69185**	**27400261**	**381408816**	**104071024**
东部地区	56582	21745421	299359403	86821521
中部地区	5960	2329294	41497517	6406276
西部地区	4244	1990359	27945376	9544141
东北地区	2399	1335186	12606520	1299086
北　　京	1927	769047	6252163	883741
天　　津	1807	523536	11028703	1902461
河　　北	1662	749059	4660549	229801
山　　西	158	41864	587901	105733
内 蒙 古	246	72521	2338162	30668
辽　　宁	1696	817948	7877322	1233084
吉　　林	535	504983	4591574	64097
黑 龙 江	168	12255	137625	1905
上　　海	5252	3871124	44077922	3946534
江　　苏	14542	5849218	74205663	27577501
浙　　江	10756	2656360	52171394	15558424
安　　徽	1536	573083	9562721	1535276
福　　建	2829	834333	6754796	2090210
江　　西	1031	290618	5149607	539629
山　　东	5213	1425779	30153826	9794889
河　　南	906	260573	5003566	269090
湖　　北	1425	770138	15812430	3682142
湖　　南	904	393017	5381292	274405
广　　东	12429	5012098	69060887	24735665
广　　西	763	454790	6482691	444907
海　　南	165	54868	993501	102295
重　　庆	1217	470199	10689895	7083343
四　　川	1117	328698	4692471	1816645
贵　　州	89	23354	208056	7112
云　　南	168	40857	673535	2702
西　　藏	2	740	15162	
陕　　西	471	419836	1292057	65287
甘　　肃	17	7209	39494	458
青　　海	5	9901	128325	
宁　　夏	79	19136	409168	92797
新　　疆	70	143117	976360	221

第二部分

工业企业研发活动情况

工业企业自主知识产权及相关情况

(2022)

2-7-1 分登记注册类型工业企业自主知识产权及相关情况

行业	专利申请数（件）	#发明专利	有效发明专利数（件）	拥有注册商标数（件）	形成国家或行业标准数（项）
合计	**1507296**	**554615**	**1981098**	**1370318**	**54080**
国有及国有控股	**267220**	**153404**	**443471**	**190931**	**8507**
内资企业	**1318991**	**485582**	**1706014**	**1156204**	**49174**
国有企业	28996	18003	36197	13981	761
集体企业	1170	279	1026	150	9
股份合作企业	882	194	1056	1020	23
联营企业	3827	3340	4233	109	4
有限责任公司	350700	169677	558093	260704	11148
股份有限公司	176815	89017	310129	261243	7704
私营企业	755836	204735	794492	618758	29514
其他企业	765	337	788	239	11
港、澳、台商投资企业	**92506**	**34792**	**131089**	**116785**	**2667**
合资经营企业	32054	11808	44709	34482	850
合作经营企业	443	84	587	391	11
港、澳、台商独资经营企业	39059	13810	61662	47851	1020
港、澳、台商投资股份有限公司	18680	8156	22667	31260	761
其他港、澳、台投资企业	2270	934	1464	2801	25
外商投资企业	**95799**	**34241**	**143995**	**97329**	**2239**
中外合资经营企业	39498	15329	56542	34425	1126
中外合作经营企业	686	182	760	451	15
外资企业	38582	12391	67058	28581	738
外商投资股份有限公司	15106	5572	18020	32531	342
其他外商投资企业	1927	767	1615	1341	18

2-7-2 分登记注册类型大型工业企业自主知识产权及相关情况

行业	专利申请数(件)	#发明专利	有效发明专利数(件)	拥有注册商标数(件)	形成国家或行业标准数(项)
合计	**481220**	**269813**	**822574**	**487291**	**11982**
国有及国有控股	**176414**	**113452**	**322438**	**141118**	**4603**
内资企业	**401046**	**232813**	**692329**	**389622**	**9771**
国有企业	21543	14677	27860	11834	469
集体企业	647	176	529		2
股份合作企业	122	33	78	253	6
联营企业	62	26	6		
有限责任公司	166595	108363	339582	135326	2939
股份有限公司	112522	62212	208750	154359	3646
私营企业	99160	47115	115203	87732	2709
其他企业	395	211	321	118	
港、澳、台商投资企业	**43009**	**19911**	**66964**	**51914**	**1191**
合资经营企业	14143	6128	21534	13683	251
合作经营企业	102	22	45	45	1
港、澳、台商独资经营企业	16014	8162	32191	19159	451
港、澳、台商投资股份有限公司	12328	5449	13030	18019	488
其他港、澳、台投资企业	422	150	164	1008	
外商投资企业	**37165**	**17089**	**63281**	**45755**	**1020**
中外合资经营企业	13415	6795	18827	15752	499
中外合作经营企业	258	97	242	115	6
外资企业	13807	6646	33229	11474	296
外商投资股份有限公司	9037	3314	10268	17920	217
其他外商投资企业	648	237	715	494	2

2-7-3 分登记注册类型中型工业企业自主知识产权及相关情况

行　业	专利申请数（件）	#发明专利	有效发明专利数（件）	拥有注册商标数（件）	形成国家或行业标准数（项）
合　计	**286139**	**102453**	**349269**	**331611**	**20135**
国有及国有控股	**49858**	**24461**	**70617**	**30995**	**2365**
内资企业	**237407**	**85906**	**281959**	**266202**	**18590**
国有企业	3816	1765	4527	1069	210
集体企业	39	9	13	25	1
股份合作企业	74	37	162	533	1
联营企业	3616	3293	4109	23	
有限责任公司	68871	27195	87212	48843	2656
股份有限公司	39212	17140	58080	69220	2724
私营企业	121727	36454	127791	146486	12998
其他企业	52	13	65	3	
港、澳、台商投资企业	**23618**	**8189**	**30914**	**37413**	**922**
合资经营企业	8006	2872	10737	11344	338
合作经营企业	88	19	126	78	5
港、澳、台商独资经营企业	10190	2873	13551	14866	362
港、澳、台商投资股份有限公司	4296	1952	5976	10176	201
其他港、澳、台投资企业	1038	473	524	949	16
外商投资企业	**25114**	**8358**	**36396**	**27996**	**623**
中外合资经营企业	12177	4283	18720	8315	314
中外合作经营企业	109	21	134	238	4
外资企业	9786	2610	12894	7725	228
外商投资股份有限公司	2717	1295	4379	11561	69
其他外商投资企业	325	149	269	157	8

2-7-4 分行业工业企业自主知识产权及相关情况

行　业	专　利申请数(件)	#发明专利	有　效发　明专利数(件)	拥　有注　册商标数(件)	形成国家或行业标准数(项)
合　计	**1507296**	**554615**	**1981098**	**1370318**	**54080**
采矿业	**16840**	**7968**	**18838**	**1594**	**327**
煤炭开采和洗选业	5966	1843	2897	626	55
石油和天然气开采业	4582	3369	6705	13	159
黑色金属矿采选业	1434	658	2619	55	46
有色金属矿采选业	1645	439	1676	181	19
非金属矿采选业	1379	335	1310	510	19
开采及其他辅助性活动	1828	1319	3610	209	29
制造业	**1443409**	**518561**	**1910893**	**1366309**	**53110**
农副食品加工业	17421	4318	18895	42664	574
食品制造业	14856	4849	20724	94541	443
酒、饮料和精制茶制造业	6572	1425	6523	68152	250
烟草制品业	7671	2686	9705	24269	23
纺织业	20981	4783	19539	21283	665
纺织服装、服饰业	8193	1564	6251	27581	250
皮革、毛皮、羽毛及其制品和制鞋业	8095	1097	4928	14779	153
木材加工和木、竹、藤、棕、草制品业	5805	1305	5288	7203	306
家具制造业	17385	2392	9246	20287	252
造纸和纸制品业	10597	2127	11227	11141	224
印刷和记录媒介复制业	11074	2250	11528	4433	268
文教、工美、体育和娱乐用品制造业	19283	2886	13705	30657	413
石油加工、炼焦和核燃料加工业	5102	1754	7770	3519	123
化学原料和化学制品制造业	63393	25305	102588	129881	14953
医药制造业	33128	16058	74357	156581	2914
化学纤维制造业	4726	1393	6610	4897	407
橡胶和塑料制品业	52705	11994	53000	38129	1449
非金属矿物制品业	59760	15089	60576	33530	5649
黑色金属冶炼和压延加工业	25188	10028	28595	4306	520
有色金属冶炼和压延加工业	24027	7695	26968	10153	1271
金属制品业	68451	14993	69840	38740	1842
通用设备制造业	133815	37231	150683	69700	3677
专用设备制造业	139394	43058	169109	86877	3082
汽车制造业	98287	36352	91011	62146	1450
铁路、船舶、航空航天和其他运输设备制造业	38794	17027	57941	15588	762
电气机械和器材制造业	217105	72857	228830	115264	5537
计算机、通信和其他电子设备制造业	273381	155654	580723	197086	3162
仪器仪表制造业	45198	16150	50747	24871	2157
其他制造业	6729	2280	7523	6793	168
废弃资源综合利用业	4320	1415	4315	1073	148
金属制品、机械和设备修理业	1973	546	2148	185	18
电力、热力、燃气及水生产和供应业	**47047**	**28086**	**51367**	**2415**	**643**
电力、热力生产和供应业	43530	27186	48752	1251	568
燃气生产和供应业	1387	282	759	451	28
水的生产和供应业	2130	618	1856	713	47

2-7-5　分行业大型工业企业自主知识产权及相关情况

行　业	专利申请数（件）	#发明专利	有效发明专利数（件）	拥有注册商标数（件）	形成国家或行业标准数（项）
合　计	**481220**	**269813**	**822574**	**487291**	**11982**
采矿业	**12438**	**6789**	**14465**	**792**	**291**
煤炭开采和洗选业	5056	1562	2353	580	54
石油和天然气开采业	4374	3280	6446	12	153
黑色金属矿采选业	869	477	2116	4	44
有色金属矿采选业	462	181	445	15	13
非金属矿采选业	183	67	158	118	1
开采及其他辅助性活动	1494	1222	2947	63	26
制造业	**436411**	**239490**	**766139**	**485765**	**11209**
农副食品加工业	792	150	756	6972	61
食品制造业	2498	1155	3868	31269	100
酒、饮料和精制茶制造业	1614	313	1161	36772	82
烟草制品业	6803	2403	8800	23028	22
纺织业	1947	643	2292	7601	98
纺织服装、服饰业	1419	243	1311	9538	87
皮革、毛皮、羽毛及其制品和制鞋业	1819	286	1090	8827	84
木材加工和木、竹、藤、棕、草制品业	111	30	127	338	6
家具制造业	5816	752	1599	7864	120
造纸和纸制品业	1115	346	2020	2068	63
印刷和记录媒介复制业	432	137	610	204	16
文教、工美、体育和娱乐用品制造业	2547	356	1211	8917	19
石油加工、炼焦和核燃料加工业	2457	1109	4485	479	83
化学原料和化学制品制造业	7772	4240	12634	16932	455
医药制造业	6957	5009	19231	55273	1034
化学纤维制造业	1297	427	2048	1486	204
橡胶和塑料制品业	5682	1661	5523	10957	403
非金属矿物制品业	6056	1952	6481	7953	213
黑色金属冶炼和压延加工业	17609	8035	20748	2686	391
有色金属冶炼和压延加工业	7320	2977	7481	4674	709
金属制品业	6414	2288	6686	5661	383
通用设备制造业	21807	9606	29898	13869	910
专用设备制造业	23865	9697	30465	14822	569
汽车制造业	46004	24758	35962	45352	743
铁路、船舶、航空航天和其他运输设备制造业	17554	10512	31892	5431	482
电气机械和器材制造业	96248	43930	106487	43206	2465
计算机、通信和其他电子设备制造业	133341	101624	411346	110396	1144
仪器仪表制造业	6206	3178	6395	2632	210
其他制造业	2008	1240	2456	489	36
废弃资源综合利用业	218	120	312	14	1
金属制品、机械和设备修理业	683	313	764	55	16
电力、热力、燃气及水生产和供应业	**32371**	**23534**	**41970**	**734**	**482**
电力、热力生产和供应业	31660	23278	41555	531	449
燃气生产和供应业	383	145	232	189	20
水的生产和供应业	328	111	183	14	13

2-7-6　分行业中型工业企业自主知识产权及相关情况

行　业	专　利申请数（件）	#发明专利	有　效发　明专利数（件）	拥　有注　册商标数（件）	形成国家或行业标准数（项）
合　计	**286139**	**102453**	**349269**	**331611**	**20135**
采矿业	**2068**	**618**	**1733**	**347**	**19**
煤炭开采和洗选业	692	203	369	39	1
石油和天然气开采业	89	47	73		5
黑色金属矿采选业	313	99	273	17	1
有色金属矿采选业	554	130	459	27	4
非金属矿采选业	260	66	250	158	5
开采及其他辅助性活动	154	68	297	106	3
制造业	**278373**	**99934**	**344439**	**330548**	**20054**
农副食品加工业	2596	743	3324	8769	152
食品制造业	2634	870	4592	21642	122
酒、饮料和精制茶制造业	856	202	1255	12307	52
烟草制品业	379	69	305	533	1
纺织业	4404	1051	4942	4682	266
纺织服装、服饰业	2355	453	1934	11258	111
皮革、毛皮、羽毛及其制品和制鞋业	1739	250	1133	2330	22
木材加工和木、竹、藤、棕、草制品业	992	269	1057	3095	166
家具制造业	3654	403	2032	4846	73
造纸和纸制品业	1993	522	2380	3905	88
印刷和记录媒介复制业	2083	503	2606	2061	144
文教、工美、体育和娱乐用品制造业	4563	571	2711	8276	159
石油加工、炼焦和核燃料加工业	863	199	1022	1212	13
化学原料和化学制品制造业	12578	6473	26300	44800	9790
医药制造业	7989	4640	23526	49302	1051
化学纤维制造业	801	287	1484	855	97
橡胶和塑料制品业	8136	2497	9811	6638	370
非金属矿物制品业	11099	3377	11770	7362	484
黑色金属冶炼和压延加工业	2267	750	2464	634	69
有色金属冶炼和压延加工业	4468	1606	5472	2006	245
金属制品业	12788	3417	13902	11180	606
通用设备制造业	25899	8231	27898	17852	1137
专用设备制造业	29089	10652	33523	25456	937
汽车制造业	17352	4800	19162	6340	353
铁路、船舶、航空航天和其他运输设备制造业	8226	3263	10642	3847	162
电气机械和器材制造业	34446	10540	36098	24722	1570
计算机、通信和其他电子设备制造业	58865	27376	76425	34835	977
仪器仪表制造业	13003	5274	14466	7299	710
其他制造业	1301	355	1293	2325	85
废弃资源综合利用业	534	188	467	176	41
金属制品、机械和设备修理业	421	103	443	3	1
电力、热力、燃气及水生产和供应业	**5698**	**1901**	**3097**	**716**	**62**
电力、热力生产和供应业	5109	1773	2658	211	45
燃气生产和供应业	290	41	129	196	6
水的生产和供应业	299	87	310	309	11

2-7-7 分行业国有及国有控股工业企业自主知识产权及相关情况

行业	专利申请数（件）	#发明专利	有效发明专利数（件）	拥有注册商标数（件）	形成国家或行业标准数（项）
合计	**267220**	**153404**	**443471**	**190931**	**8507**
采矿业	**13732**	**7047**	**15297**	**1157**	**311**
煤炭开采和洗选业	5571	1730	2690	609	53
石油和天然气开采业	4181	3114	6096	13	159
黑色金属矿采选业	971	494	2201	30	46
有色金属矿采选业	1023	312	895	144	19
非金属矿采选业	439	137	399	286	6
开采及其他辅助性活动	1541	1255	3004	75	28
制造业	**210634**	**119238**	**380113**	**188323**	**7631**
农副食品加工业	576	184	612	1242	31
食品制造业	1047	449	2146	10903	74
酒、饮料和精制茶制造业	1426	297	1103	29485	63
烟草制品业	7251	2635	9437	23829	23
纺织业	622	188	635	363	90
纺织服装、服饰业	250	38	282	189	3
皮革、毛皮、羽毛及其制品和制鞋业	201	34	363	72	15
木材加工和木、竹、藤、棕、草制品业	145	42	261	517	21
家具制造业	166	47	345	147	4
造纸和纸制品业	326	100	590	767	38
印刷和记录媒介复制业	693	181	1242	949	63
文教、工美、体育和娱乐用品制造业	414	49	170	389	28
石油加工、炼焦和核燃料加工业	2295	1192	4854	1232	85
化学原料和化学制品制造业	9826	5180	17095	9705	519
医药制造业	2970	1540	7918	24840	468
化学纤维制造业	633	269	1359	997	98
橡胶和塑料制品业	1687	544	2254	2392	116
非金属矿物制品业	7318	2522	8444	4013	213
黑色金属冶炼和压延加工业	11845	6830	18959	1809	237
有色金属冶炼和压延加工业	6360	2539	9530	2714	486
金属制品业	5446	2585	8637	700	422
通用设备制造业	14565	6732	22615	6882	540
专用设备制造业	15513	7007	19756	5100	704
汽车制造业	35132	20190	31496	30332	699
铁路、船舶、航空航天和其他运输设备制造业	19814	12608	38968	2681	520
电气机械和器材制造业	10853	5076	15752	3814	1015
计算机、通信和其他电子设备制造业	44939	35583	143868	20095	737
仪器仪表制造业	4701	2663	6947	1505	252
其他制造业	2019	1343	2888	523	33
废弃资源综合利用业	500	180	474	66	18
金属制品、机械和设备修理业	1101	411	1113	71	16
电力、热力、燃气及水生产和供应业	**42854**	**27119**	**48061**	**1451**	**565**
电力、热力生产和供应业	41041	26630	46845	759	513
燃气生产和供应业	597	151	340	265	16
水的生产和供应业	1216	338	876	427	36

2-7-8　分行业内资工业企业自主知识产权及相关情况

行　　业	专　利申请数(件)	#发明专利	有　效发　明专利数(件)	拥　有注　册商标数(件)	形成国家或行业标准数(项)
合　计	**1318991**	**485582**	**1706014**	**1156204**	**49174**
采矿业	**16065**	**7641**	**17772**	**1568**	**323**
煤炭开采和洗选业	5720	1802	2743	620	54
石油和天然气开采业	4243	3136	6110	13	159
黑色金属矿采选业	1401	641	2612	55	46
有色金属矿采选业	1575	427	1616	179	19
非金属矿采选业	1350	331	1249	497	16
开采及其他辅助性活动	1770	1299	3421	204	29
制造业	**1258211**	**450454**	**1638120**	**1152391**	**48241**
农副食品加工业	16097	4018	17424	36899	511
食品制造业	12567	4061	17636	74359	394
酒、饮料和精制茶制造业	6067	1311	6173	62412	235
烟草制品业	7648	2680	9588	24259	23
纺织业	18456	4166	16178	16677	524
纺织服装、服饰业	6324	1238	4691	22872	183
皮革、毛皮、羽毛及其制品和制鞋业	6254	838	3795	8975	128
木材加工和木、竹、藤、棕、草制品业	5410	1232	4907	6830	221
家具制造业	15117	2044	8453	19033	236
造纸和纸制品业	8862	1628	8398	8361	156
印刷和记录媒介复制业	9813	1981	9910	3904	183
文教、工美、体育和娱乐用品制造业	16361	2428	11200	24059	347
石油加工、炼焦和核燃料加工业	4706	1611	7235	3088	107
化学原料和化学制品制造业	57463	22542	90521	109817	14580
医药制造业	27800	12500	62049	130867	2439
化学纤维制造业	4228	1254	5709	4434	332
橡胶和塑料制品业	46257	10612	45831	29213	1268
非金属矿物制品业	56012	13878	54935	30178	5523
黑色金属冶炼和压延加工业	24105	9683	27614	4160	483
有色金属冶炼和压延加工业	22426	7210	24881	8944	1016
金属制品业	62382	13813	62559	34161	1635
通用设备制造业	118411	32173	129789	60899	3238
专用设备制造业	123074	37049	146385	70455	2665
汽车制造业	76030	28600	72125	39833	1132
铁路、船舶、航空航天和其他运输设备制造业	35965	16335	55574	13245	688
电气机械和器材制造业	184957	62253	189673	97555	4903
计算机、通信和其他电子设备制造业	232273	134631	486352	177368	2820
仪器仪表制造业	41114	14703	45704	22483	1967
其他制造业	6190	2139	6790	5943	163
废弃资源综合利用业	4073	1319	4065	957	124
金属制品、机械和设备修理业	1769	524	1976	151	17
电力、热力、燃气及水生产和供应业	**44715**	**27487**	**50122**	**2245**	**610**
电力、热力生产和供应业	41901	26743	48064	1176	558
燃气生产和供应业	882	182	411	366	11
水的生产和供应业	1932	562	1647	703	41

2–7–9 分行业港澳台商投资工业企业自主知识产权及相关情况

行业	专利申请数（件）	#发明专利	有效发明专利数（件）	拥有注册商标数（件）	形成国家或行业标准数（项）
合 计	**92506**	**34792**	**131089**	**116785**	**2667**
采矿业	**575**	**259**	**642**	**20**	**1**
煤炭开采和洗选业	222	38	135	4	1
石油和天然气开采业	261	187	347		
黑色金属矿采选业	31	15	3		
有色金属矿采选业	33	6	7	2	
非金属矿采选业	7	1	5	12	
开采及其他辅助性活动	21	12	145	2	
制造业	**90718**	**34141**	**129644**	**116660**	**2646**
农副食品加工业	466	107	577	1243	15
食品制造业	1120	417	1529	7244	28
酒、饮料和精制茶制造业	272	52	210	4038	10
烟草制品业	22	6	117	10	
纺织业	1811	454	2479	3517	92
纺织服装、服饰业	1213	219	1157	2954	62
皮革、毛皮、羽毛及其制品和制鞋业	648	124	823	1643	10
木材加工和木、竹、藤、棕、草制品业	176	37	132	184	70
家具制造业	1191	272	416	589	12
造纸和纸制品业	1329	382	1780	2264	56
印刷和记录媒介复制业	915	160	1078	429	71
文教、工美、体育和娱乐用品制造业	2118	338	1807	4500	49
石油加工、炼焦和核燃料加工业	268	121	444	319	16
化学原料和化学制品制造业	2757	1314	5605	11295	145
医药制造业	2282	1579	5291	12520	316
化学纤维制造业	310	87	458	293	51
橡胶和塑料制品业	3720	807	4049	6984	133
非金属矿物制品业	1849	484	2709	1547	80
黑色金属冶炼和压延加工业	518	177	360	77	24
有色金属冶炼和压延加工业	845	195	1110	867	146
金属制品业	3256	573	4069	2849	109
通用设备制造业	5213	1797	6569	3961	228
专用设备制造业	7479	2920	10405	8173	169
汽车制造业	9090	3318	6370	10375	91
铁路、船舶、航空航天和其他运输设备制造业	1357	371	1031	1251	38
电气机械和器材制造业	16202	5830	21720	13228	235
计算机、通信和其他电子设备制造业	21680	11149	44462	12113	225
仪器仪表制造业	2111	737	2149	1406	135
其他制造业	303	52	479	712	5
废弃资源综合利用业	127	52	156	45	24
金属制品、机械和设备修理业	70	10	103	30	1
电力、热力、燃气及水生产和供应业	**1213**	**392**	**803**	**105**	**20**
电力、热力生产和供应业	857	287	533	21	10
燃气生产和供应业	225	74	187	82	8
水的生产和供应业	131	31	83	2	2

2-7-10 分行业外商投资工业企业自主知识产权及相关情况

行业	专利申请数(件)	#发明专利	有效发明专利数(件)	拥有注册商标数(件)	形成国家或行业标准数(项)
合计	**95799**	**34241**	**143995**	**97329**	**2239**
采矿业	**200**	**68**	**424**	**6**	**3**
煤炭开采和洗选业	24	3	19	2	
石油和天然气开采业	78	46	248		
黑色金属矿采选业	2	2	4		
有色金属矿采选业	37	6	53		
非金属矿采选业	22	3	56	1	3
开采及其他辅助性活动	37	8	44	3	
制造业	**94480**	**33966**	**143129**	**97258**	**2223**
农副食品加工业	858	193	894	4522	48
食品制造业	1169	371	1559	12938	21
酒、饮料和精制茶制造业	233	62	140	1702	5
烟草制品业	1				
纺织业	714	163	882	1089	49
纺织服装、服饰业	656	107	403	1755	5
皮革、毛皮、羽毛及其制品和制鞋业	1193	135	310	4161	15
木材加工和木、竹、藤、棕、草制品业	219	36	249	189	15
家具制造业	1077	76	377	665	4
造纸和纸制品业	406	117	1049	516	12
印刷和记录媒介复制业	346	109	540	100	14
文教、工美、体育和娱乐用品制造业	804	120	698	2098	17
石油加工、炼焦和核燃料加工业	128	22	91	112	
化学原料和化学制品制造业	3173	1449	6462	8769	228
医药制造业	3046	1979	7017	13194	159
化学纤维制造业	188	52	443	170	24
橡胶和塑料制品业	2728	575	3120	1932	48
非金属矿物制品业	1899	727	2932	1805	46
黑色金属冶炼和压延加工业	565	168	621	69	13
有色金属冶炼和压延加工业	756	290	977	342	109
金属制品业	2813	607	3212	1730	98
通用设备制造业	10191	3261	14325	4840	211
专用设备制造业	8841	3089	12319	8249	248
汽车制造业	13167	4434	12516	11938	227
铁路、船舶、航空航天和其他运输设备制造业	1472	321	1336	1092	36
电气机械和器材制造业	15946	4774	17437	4481	399
计算机、通信和其他电子设备制造业	19428	9874	49909	7605	117
仪器仪表制造业	1973	710	2894	982	55
其他制造业	236	89	254	138	
废弃资源综合利用业	120	44	94	71	
金属制品、机械和设备修理业	134	12	69	4	
电力、热力、燃气及水生产和供应业	**1119**	**207**	**442**	**65**	**13**
电力、热力生产和供应业	772	156	155	54	
燃气生产和供应业	280	26	161	3	9
水的生产和供应业	67	25	126	8	4

2-7-11 各地区工业企业自主知识产权及相关情况

地　区	专利申请数（件）	#发明专利	有效发明专利数（件）	拥有注册商标数（件）	形成国家或行业标准数（项）
全　国	**1507296**	**554615**	**1981098**	**1370318**	**54080**
东部地区	1045396	378919	1430985	1012589	26417
中部地区	274855	100757	315029	172513	22032
西部地区	146301	57368	177397	160729	4416
东北地区	40744	17571	57687	24487	1215
北　京	32594	19310	77167	52537	498
天　津	18488	6294	28517	15635	460
河　北	33789	10689	38203	41465	1237
山　西	9827	3760	12861	9426	296
内蒙古	9065	3316	7911	12182	230
辽　宁	21581	7463	38171	10752	684
吉　林	12612	7161	8925	5431	299
黑龙江	6551	2947	10591	8304	232
上　海	42835	18968	81347	39473	1196
江　苏	218368	73525	299124	122023	5388
浙　江	171872	44941	146012	179579	5770
安　徽	81620	32625	91651	41526	1896
福　建	57792	18491	55076	60357	1316
江　西	32595	9714	24847	20997	533
山　东	113621	36935	130077	106623	4274
河　南	47069	11898	45993	34196	1247
湖　北	59771	24821	81317	32990	1373
湖　南	43973	17939	58360	33378	16687
广　东	354470	149075	572589	390451	6227
广　西	11637	4615	12721	14458	330
海　南	1567	691	2873	4446	51
重　庆	26245	11091	27681	22584	555
四　川	41462	16085	57722	52446	1111
贵　州	9294	4220	10342	11734	216
云　南	11139	3481	14054	18149	223
西　藏	97	35	314	204	3
陕　西	19071	8019	27942	19589	950
甘　肃	5979	1855	5733	2669	378
青　海	1423	653	1740	1221	107
宁　夏	4725	1516	4012	2649	120
新　疆	6164	2482	7225	2844	193

2-7-12 各地区大型工业企业自主知识产权及相关情况

地区	专利申请数(件)	#发明专利	有效发明专利数(件)	拥有注册商标数(件)	形成国家或行业标准数(项)
全国	**481220**	**269813**	**822574**	**487291**	**11982**
东部地区	323998	182533	621141	350281	8026
中部地区	78029	43132	109741	61210	1981
西部地区	60098	32147	69898	68467	1597
东北地区	19095	12001	21794	7333	378
北京	11801	8828	45403	16629	163
天津	3553	2150	6512	2062	136
河北	11317	4716	11140	16848	331
山西	4311	2189	5870	4455	89
内蒙古	5692	2336	3929	10152	154
辽宁	7186	4004	12859	2615	198
吉林	9059	6092	4239	1848	60
黑龙江	2850	1905	4696	2870	120
上海	12573	8413	38750	12893	370
江苏	37009	17139	56414	36513	1275
浙江	38112	15319	39528	45692	1306
安徽	25226	13344	27133	14503	434
福建	19524	10478	20406	18051	384
江西	5675	2524	7423	3928	106
山东	37837	18283	46243	35265	1572
河南	11404	4959	12719	12968	347
湖北	20664	14006	38469	12305	540
湖南	10749	6110	18127	13051	465
广东	151764	96857	356055	165539	2478
广西	4515	2775	3891	4438	119
海南	508	350	690	789	11
重庆	10579	6627	10271	7310	117
四川	14979	8337	22463	26399	395
贵州	3361	2274	3777	5013	53
云南	5358	2308	7100	8866	33
西藏	17	9	172		3
陕西	7226	3651	10360	4132	404
甘肃	2986	931	2059	664	74
青海	1036	565	1109	613	87
宁夏	1164	491	738	361	20
新疆	3185	1843	4029	519	138

2-7-13 各地区中型工业企业自主知识产权及相关情况

地 区	专利申请数（件）	#发明专利	有效发明专利数（件）	拥有注册商标数（件）	形成国家或行业标准数（项）
全 国	**286139**	**102453**	**349269**	**331611**	**20135**
东部地区	205803	74114	249562	252818	7951
中部地区	47005	16221	53945	36819	10421
西部地区	27582	10102	36179	36445	1434
东北地区	5749	2016	9583	5529	329
北 京	9167	5604	14480	14037	194
天 津	4396	1615	6176	4990	138
河 北	5448	1582	6248	8126	404
山 西	1613	426	1994	1679	58
内蒙古	1712	501	1588	792	43
辽 宁	3599	1218	6319	2407	153
吉 林	1147	408	1642	953	146
黑龙江	1003	390	1622	2169	30
上 海	9778	5043	14365	9390	284
江 苏	46497	19051	63448	31745	1731
浙 江	35252	10649	35040	52300	1987
安 徽	11516	4667	15243	7683	578
福 建	11734	3504	12844	17191	404
江 西	6242	2081	4688	5387	169
山 东	18830	6457	23340	29099	1132
河 南	9374	2373	9183	6315	497
湖 北	9225	3473	11832	8987	342
湖 南	9035	3201	11005	6768	8777
广 东	64415	20461	72994	84778	1650
广 西	2499	803	3336	4012	135
海 南	286	148	627	1162	27
重 庆	5443	1832	6165	6893	294
四 川	7413	2854	10732	12002	388
贵 州	2130	899	2605	2350	53
云 南	1246	381	1657	2621	72
西 藏	23	3	81	51	
陕 西	4097	1813	6002	5107	217
甘 肃	1064	408	1706	895	176
青 海	119	33	160	33	4
宁 夏	943	374	1278	734	36
新 疆	893	201	869	955	16

2-7-14 各地区国有及国有控股工业企业自主知识产权及相关情况

地 区	专 利 申请数 (件)	#发明专利	有效发明 专 利 数 (件)	拥有注册 商 标 数 (件)	形成国家或 行业标准数 (项)
全 国	**267220**	**153404**	**443471**	**190931**	**8507**
东部地区	118426	71946	247235	93115	3623
中部地区	62278	34182	96597	41452	2193
西部地区	67783	35388	77200	50331	2231
东北地区	18733	11888	22439	6033	460
北 京	12655	8810	37814	15045	321
天 津	4167	2465	7354	2289	143
河 北	6633	3082	8503	3328	312
山 西	5371	2712	7396	3839	113
内 蒙 古	4756	1987	3135	1378	138
辽 宁	6801	3793	12793	1042	228
吉 林	8775	6025	4316	1646	100
黑 龙 江	3157	2070	5330	3345	132
上 海	10986	7294	30182	9574	426
江 苏	20144	11514	31141	10547	723
浙 江	4176	1846	6100	4379	197
安 徽	13582	6560	20178	8792	493
福 建	4962	2601	10986	3724	123
江 西	4411	1898	4765	3654	89
山 东	24540	12531	35520	16416	777
河 南	10797	4741	11411	5862	316
湖 北	19153	13198	34519	10619	677
湖 南	8964	5073	18328	8686	505
广 东	29530	21478	79094	27386	586
广 西	5362	3032	5077	5260	167
海 南	633	325	541	427	15
重 庆	11388	6887	8912	7826	277
四 川	14573	8724	22716	17518	354
贵 州	5155	3085	6012	4301	81
云 南	6233	2632	8346	7376	72
西 藏	84	26	195	36	3
陕 西	10310	4891	14499	4541	641
甘 肃	4084	1267	3205	1083	271
青 海	1083	560	1128	634	88
宁 夏	1434	633	1019	148	28
新 疆	3321	1664	2956	230	111

2-7-15 各地区内资工业企业自主知识产权及相关情况

地 区	专 利 申请数 (件)	#发明专利	有效发明 专 利 数 (件)	拥有注册 商 标 数 (件)	形成国家或 行业标准数 (项)
全 国	**1318991**	**485582**	**1706014**	**1156204**	**49174**
东部地区	883964	319471	1189462	830919	22363
中部地区	259388	95001	298104	156871	21516
西部地区	138517	54568	166777	145696	4191
东北地区	37122	16542	51671	22718	1104
北 京	25728	15227	56562	37275	454
天 津	15580	5378	24563	13475	387
河 北	27544	8274	34065	31748	1090
山 西	9547	3675	12657	9269	291
内 蒙 古	8414	3070	7089	6546	209
辽 宁	19256	6841	33136	9611	591
吉 林	11674	6869	8132	4965	288
黑 龙 江	6192	2832	10403	8142	225
上 海	31445	13770	56437	29826	902
江 苏	185188	61373	245396	94453	4571
浙 江	148764	36982	117164	157030	4969
安 徽	76737	30821	85265	38740	1776
福 建	47093	14915	43228	40956	1008
江 西	30348	9104	23029	19688	498
山 东	101818	33150	118067	89777	3766
河 南	45133	11502	44146	29989	1188
湖 北	56029	22883	77084	28968	1160
湖 南	41594	17016	55923	30217	16603
广 东	299459	129878	491422	332284	5183
广 西	9973	3892	11058	11342	292
海 南	1345	524	2558	4095	33
重 庆	24370	10554	25967	21053	533
四 川	39609	15418	53871	50947	1059
贵 州	9084	4152	10155	11532	196
云 南	10861	3418	13545	17295	210
西 藏	96	35	274	199	3
陕 西	18452	7795	27107	17731	920
甘 肃	5967	1855	5730	2647	378
青 海	1375	641	1629	1202	106
宁 夏	4484	1374	3568	2470	115
新 疆	5832	2364	6784	2732	170

2-7-16 各地区港澳台商投资工业企业自主知识产权及相关情况

地　区	专利申请数(件)	#发明专利	有效发明专利数(件)	拥有注册商标数(件)	形成国家或行业标准数(项)
全　国	**92506**	**34792**	**131089**	**116785**	**2667**
东部地区	83898	31958	121087	107464	2443
中部地区	5807	2095	5980	6344	140
西部地区	1993	534	2803	2698	57
东北地区	808	205	1219	279	27
北　京	3810	2409	16164	8370	22
天　津	792	224	1518	619	57
河　北	4982	2083	2826	8300	51
山　西	67	15	83	120	3
内蒙古	48	22	162	17	9
辽　宁	423	97	1028	157	24
吉　林	96	6	143	57	
黑龙江	289	102	48	65	3
上　海	3988	1951	9624	3991	79
江　苏	15310	6390	22966	16835	436
浙　江	10366	3827	10043	11651	478
安　徽	2022	770	1964	1981	29
福　建	5825	2244	6482	10713	228
江　西	820	160	554	778	10
山　东	3955	1244	4351	4258	282
河　南	712	159	788	415	17
湖　北	984	477	1099	1790	23
湖　南	1202	514	1492	1260	58
广　东	34692	11439	46889	42458	794
广　西	296	95	260	151	6
海　南	178	147	224	269	16
重　庆	301	41	608	395	5
四　川	783	197	973	692	15
贵　州	86	19	45	33	4
云　南	110	16	242	119	13
西　藏					
陕　西	194	123	258	1240	
甘　肃	1			1	
青　海	3			14	
宁　夏	66	12	30	30	4
新　疆	105	9	225	6	1

2-7-17　各地区外商投资工业企业自主知识产权及相关情况

地　区	专　利 申请数 (件)	#发明专利	有效发明 专利数 (件)	拥有注册 商标数 (件)	形成国家或 行业标准数 (项)
全　国	**95799**	**34241**	**143995**	**97329**	**2239**
东部地区	77534	27490	120436	74206	1611
中部地区	9660	3661	10945	9298	376
西部地区	5791	2266	7817	12335	168
东北地区	2814	824	4797	1490	84
北　京	3056	1674	4441	6892	22
天　津	2116	692	2436	1541	16
河　北	1263	332	1312	1417	96
山　西	213	70	121	37	2
内蒙古	603	224	660	5619	12
辽　宁	1902	525	4007	984	69
吉　林	842	286	650	409	11
黑龙江	70	13	140	97	4
上　海	7402	3247	15286	5656	215
江　苏	17870	5762	30762	10735	381
浙　江	12742	4132	18805	10898	323
安　徽	2861	1034	4422	805	91
福　建	4874	1332	5366	8688	80
江　西	1427	450	1264	531	25
山　东	7848	2541	7659	12588	226
河　南	1224	237	1059	3792	42
湖　北	2758	1461	3134	2232	190
湖　南	1177	409	945	1901	26
广　东	20319	7758	34278	15709	250
广　西	1368	628	1403	2965	32
海　南	44	20	91	82	2
重　庆	1574	496	1106	1136	17
四　川	1070	470	2878	807	37
贵　州	124	49	142	169	16
云　南	168	47	267	735	
西　藏	1		40	5	
陕　西	425	101	577	618	30
甘　肃	11		3	21	
青　海	45	12	111	5	1
宁　夏	175	130	414	149	1
新　疆	227	109	216	106	22

第二部分

工业企业研发活动情况

工业企业政府相关政策落实情况

（2022）

2-8-1 分登记注册类型工业企业政府相关政策落实情况

单位：万元

登记注册类型	研究开发费用加计扣除减免税	高新技术企业减免税
合 计	**29942729**	**23830069**
国有及国有控股	**5374786**	**4683704**
内资企业	**24421972**	**17013849**
国有企业	247267	238498
集体企业	5255	1269
股份合作企业	21741	44376
联营企业	4622	3493
有限责任公司	8172848	5400796
股份有限公司	3967837	3546323
私营企业	11993696	7775450
其他企业	8707	3646
港、澳、台商投资企业	**2531065**	**3362300**
合资经营企业	843212	793274
合作经营企业	13021	14188
港、澳、台商独资经营企业	1104729	1074642
港、澳、台商投资股份有限公司	477111	356435
其他港、澳、台投资企业	92992	1123762
外商投资企业	**2989693**	**3453920**
中外合资经营企业	1395629	1822902
中外合作经营企业	20790	9960
外资企业	1217469	1348960
外商投资股份有限公司	263508	265492
其他外商投资企业	92296	6605

2-8-2　分登记注册类型大型工业企业政府相关政策落实情况

单位：万元

登记注册类型	研究开发费用加计扣除减免税	高新技术企业减免税
合　计	**13036803**	**11644592**
国有及国有控股	**3713030**	**3160624**
内资企业	**9896392**	**7229626**
国有企业	126514	137592
集体企业		
股份合作企业	7105	35230
联营企业	395	
有限责任公司	4637497	2585819
股份有限公司	2568544	2205181
私营企业	2552334	2265805
其他企业	4003	
港、澳、台商投资企业	**1473655**	**2372817**
合资经营企业	477717	355007
合作经营企业	3204	7309
港、澳、台商独资经营企业	576498	672064
港、澳、台商投资股份有限公司	347799	226248
其他港、澳、台投资企业	68437	1112189
外商投资企业	**1666756**	**2042150**
中外合资经营企业	833558	1238872
中外合作经营企业	10839	5051
外资企业	587778	623144
外商投资股份有限公司	152947	174373
其他外商投资企业	81635	710

2-8-3 分登记注册类型中型工业企业政府相关政策落实情况

单位：万元

登记注册类型	研究开发费用加计扣除减免税	高新技术企业减免税
合 计	**7183621**	**6805040**
国有及国有控股	**1030508**	**1066910**
内资企业	**5762477**	**5198755**
国有企业	78869	86495
集体企业	1553	100
股份合作企业	7426	3614
联营企业	3242	2515
有限责任公司	1762777	1727556
股份有限公司	944339	1018896
私营企业	2962126	2357936
其他企业	2145	1643
港、澳、台商投资企业	**647313**	**693085**
合资经营企业	222608	328093
合作经营企业	3707	1337
港、澳、台商独资经营企业	314510	259962
港、澳、台商投资股份有限公司	94814	97635
其他港、澳、台投资企业	11674	6058
外商投资企业	**773832**	**913200**
中外合资经营企业	331509	405976
中外合作经营企业	4917	876
外资企业	359790	437847
外商投资股份有限公司	70930	64772
其他外商投资企业	6686	3731

2-8-4 分行业工业企业政府相关政策落实情况

单位：万元

行 业	研究开发费用加计扣除减免税	高新技术企业减免税
合 计	**29942729**	**23830069**
采矿业	**573457**	**731185**
煤炭开采和洗选业	240011	263092
石油和天然气开采业	161933	45249
黑色金属矿采选业	46113	187537
有色金属矿采选业	49942	161829
非金属矿采选业	42545	57373
开采及其他辅助性活动	32838	15686
制造业	**29096465**	**22831640**
农副食品加工业	348798	143288
食品制造业	325905	328960
酒、饮料和精制茶制造业	142004	66672
烟草制品业	6686	10331
纺织业	393795	210310
纺织服装、服饰业	147597	64919
皮革、毛皮、羽毛及其制品和制鞋业	114157	43532
木材加工和木、竹、藤、棕、草制品业	102315	40766
家具制造业	176575	150834
造纸和纸制品业	279318	205252
印刷和记录媒介复制业	173049	127813
文教、工美、体育和娱乐用品制造业	213142	107447
石油加工、炼焦和核燃料加工业	183903	117251
化学原料和化学制品制造业	1909818	2723896
医药制造业	1930478	3476818
化学纤维制造业	161214	115787
橡胶和塑料制品业	803242	577413
非金属矿物制品业	1150765	1038710
黑色金属冶炼和压延加工业	993229	698236
有色金属冶炼和压延加工业	679788	642201
金属制品业	974599	617582
通用设备制造业	1889383	1490373
专用设备制造业	2039976	1674284
汽车制造业	2146847	1680779
铁路、船舶、航空航天和其他运输设备制造业	700436	449411
电气机械和器材制造业	2918381	2508045
计算机、通信和其他电子设备制造业	7240619	2881326
仪器仪表制造业	722672	489406
其他制造业	105858	56821
废弃资源综合利用业	81373	67281
金属制品、机械和设备修理业	40542	25897
电力、热力、燃气及水生产和供应业	**272807**	**267245**
电力、热力生产和供应业	207288	150364
燃气生产和供应业	36113	81024
水的生产和供应业	29406	35856

2-8-5 分行业大型工业企业政府相关政策落实情况

单位：万元

行　业	研究开发费用加计扣除减免税	高新技术企业减免税
合 计	**13036803**	**11644592**
采矿业	**393949**	**361910**
煤炭开采和洗选业	189079	244592
石油和天然气开采业	149444	2130
黑色金属矿采选业	11711	75895
有色金属矿采选业	13979	35638
非金属矿采选业	5878	2475
开采及其他辅助性活动	23860	1179
制造业	**12562922**	**11216009**
农副食品加工业	18882	11584
食品制造业	87489	163594
酒、饮料和精制茶制造业	56953	24981
烟草制品业	157	1168
纺织业	65126	48003
纺织服装、服饰业	41462	16876
皮革、毛皮、羽毛及其制品和制鞋业	32899	24267
木材加工和木、竹、藤、棕、草制品业	5457	5071
家具制造业	60814	88763
造纸和纸制品业	83847	109170
印刷和记录媒介复制业	19940	18605
文教、工美、体育和娱乐用品制造业	30069	36565
石油加工、炼焦和核燃料加工业	95299	77111
化学原料和化学制品制造业	481734	961142
医药制造业	872047	2308345
化学纤维制造业	75261	77277
橡胶和塑料制品业	169400	180944
非金属矿物制品业	184885	413226
黑色金属冶炼和压延加工业	822973	576036
有色金属冶炼和压延加工业	233308	391986
金属制品业	175943	134912
通用设备制造业	485769	507550
专用设备制造业	560215	472018
汽车制造业	1221476	1082476
铁路、船舶、航空航天和其他运输设备制造业	394209	249119
电气机械和器材制造业	1214492	1454233
计算机、通信和其他电子设备制造业	4870169	1629476
仪器仪表制造业	130385	101108
其他制造业	50205	34924
废弃资源综合利用业	1146	1947
金属制品、机械和设备修理业	20911	13531
电力、热力、燃气及水生产和供应业	**79932**	**66673**
电力、热力生产和供应业	68040	3538
燃气生产和供应业	9290	53872
水的生产和供应业	2602	9263

2-8-6　分行业中型工业企业政府相关政策落实情况

单位：万元

行　　业	研究开发费用 加计扣除减免税	高新技术 企业减免税
合　计	**7183621**	**6805040**
采矿业	**106248**	**232683**
煤炭开采和洗选业	44892	8976
石油和天然气开采业	6145	11762
黑色金属矿采选业	20252	94585
有色金属矿采选业	21320	83535
非金属矿采选业	7163	20936
开采及其他辅助性活动	6426	12469
制造业	**7006548**	**6464382**
农副食品加工业	79965	43993
食品制造业	84090	82118
酒、饮料和精制茶制造业	27152	18385
烟草制品业	4443	6759
纺织业	136135	97095
纺织服装、服饰业	54107	32577
皮革、毛皮、羽毛及其制品和制鞋业	29713	9423
木材加工和木、竹、藤、棕、草制品业	25358	20678
家具制造业	47411	39978
造纸和纸制品业	89225	63882
印刷和记录媒介复制业	60970	61110
文教、工美、体育和娱乐用品制造业	70310	34444
石油加工、炼焦和核燃料加工业	48307	26154
化学原料和化学制品制造业	581934	1005015
医药制造业	576485	782363
化学纤维制造业	42262	18835
橡胶和塑料制品业	210567	183648
非金属矿物制品业	341058	290116
黑色金属冶炼和压延加工业	97296	82192
有色金属冶炼和压延加工业	198318	158066
金属制品业	271991	229385
通用设备制造业	520874	479982
专用设备制造业	542279	631996
汽车制造业	469254	364609
铁路、船舶、航空航天和其他运输设备制造业	157377	102889
电气机械和器材制造业	761250	613218
计算机、通信和其他电子设备制造业	1210367	779245
仪器仪表制造业	226085	176623
其他制造业	18344	9991
废弃资源综合利用业	15220	14055
金属制品、机械和设备修理业	8403	5559
电力、热力、燃气及水生产和供应业	**70826**	**107975**
电力、热力生产和供应业	54606	87866
燃气生产和供应业	9849	8554
水的生产和供应业	6371	11556

2-8-7 分行业国有及国有控股工业企业政府相关政策落实情况

单位：万元

行业	研究开发费用加计扣除减免税	高新技术企业减免税
合 计	**5374786**	**4683704**
采矿业	**414101**	**520268**
煤炭开采和洗选业	192133	261155
石油和天然气开采业	134292	14201
黑色金属矿采选业	14756	93781
有色金属矿采选业	30372	120892
非金属矿采选业	14135	18188
开采及其他辅助性活动	28363	11631
制造业	**4788667**	**4026243**
农副食品加工业	9083	4294
食品制造业	19924	31210
酒、饮料和精制茶制造业	34199	23268
烟草制品业	961	4407
纺织业	6674	6907
纺织服装、服饰业	2512	1232
皮革、毛皮、羽毛及其制品和制鞋业	757	543
木材加工和木、竹、藤、棕、草制品业	1463	504
家具制造业	8656	21893
造纸和纸制品业	17558	10138
印刷和记录媒介复制业	14377	17078
文教、工美、体育和娱乐用品制造业	4485	3788
石油加工、炼焦和核燃料加工业	85465	49175
化学原料和化学制品制造业	332907	680815
医药制造业	186179	405637
化学纤维制造业	16731	4736
橡胶和塑料制品业	39289	45668
非金属矿物制品业	186530	175555
黑色金属冶炼和压延加工业	556389	311815
有色金属冶炼和压延加工业	152445	301594
金属制品业	98760	60129
通用设备制造业	322122	201048
专用设备制造业	216660	140487
汽车制造业	733711	762728
铁路、船舶、航空航天和其他运输设备制造业	421222	207139
电气机械和器材制造业	211191	126505
计算机、通信和其他电子设备制造业	932758	323064
仪器仪表制造业	84962	52117
其他制造业	52446	31919
废弃资源综合利用业	13191	10574
金属制品、机械和设备修理业	25062	10280
电力、热力、燃气及水生产和供应业	**172018**	**137193**
电力、热力生产和供应业	143823	99434
燃气生产和供应业	11344	11754
水的生产和供应业	16851	26006

2-8-8 分行业内资工业企业政府相关政策落实情况

单位：万元

行　　业	研究开发费用加计扣除减免税	高新技术企业减免税
合　计	**24421972**	**17013849**
采矿业	**530239**	**680383**
煤炭开采和洗选业	229184	263092
石油和天然气开采业	135419	15936
黑色金属矿采选业	45117	182551
有色金属矿采选业	47409	153107
非金属矿采选业	41828	52627
开采及其他辅助性活动	31208	12649
制造业	**23652057**	**16147616**
农副食品加工业	317001	125852
食品制造业	245471	213477
酒、饮料和精制茶制造业	121903	58233
烟草制品业	6588	10311
纺织业	323660	142205
纺织服装、服饰业	121044	54442
皮革、毛皮、羽毛及其制品和制鞋业	84996	22160
木材加工和木、竹、藤、棕、草制品业	96655	36795
家具制造业	153192	129174
造纸和纸制品业	206945	108694
印刷和记录媒介复制业	142676	90815
文教、工美、体育和娱乐用品制造业	161734	78137
石油加工、炼焦和核燃料加工业	166956	99274
化学原料和化学制品制造业	1691998	2355181
医药制造业	1370043	1791134
化学纤维制造业	130675	95770
橡胶和塑料制品业	666961	436711
非金属矿物制品业	1046791	843102
黑色金属冶炼和压延加工业	948223	599191
有色金属冶炼和压延加工业	601529	606962
金属制品业	830692	498607
通用设备制造业	1564882	1081723
专用设备制造业	1667896	1330787
汽车制造业	1271817	544422
铁路、船舶、航空航天和其他运输设备制造业	654108	342407
电气机械和器材制造业	2445612	2017057
计算机、通信和其他电子设备制造业	5785622	1948825
仪器仪表制造业	618944	378904
其他制造业	95819	50949
废弃资源综合利用业	77822	41680
金属制品、机械和设备修理业	33805	14639
电力、热力、燃气及水生产和供应业	**239676**	**185851**
电力、热力生产和供应业	193452	102829
燃气生产和供应业	19351	49418
水的生产和供应业	26874	33604

2-8-9　分行业港澳台商投资工业企业政府相关政策落实情况

单位：万元

行　　业	研究开发费用加计扣除减免税	高新技术企业减免税
合　计	**2531065**	**3362300**
采矿业	**29938**	**14414**
煤炭开采和洗选业	5213	
石油和天然气开采业	22509	
黑色金属矿采选业	132	4986
有色金属矿采选业	1340	7817
非金属矿采选业	182	59
开采及其他辅助性活动	561	1553
制造业	**2486502**	**3282545**
农副食品加工业	10685	5054
食品制造业	33932	39412
酒、饮料和精制茶制造业	10036	5388
烟草制品业	98	21
纺织业	49455	55259
纺织服装、服饰业	19987	7377
皮革、毛皮、羽毛及其制品和制鞋业	18150	8247
木材加工和木、竹、藤、棕、草制品业	3804	1815
家具制造业	14324	17884
造纸和纸制品业	53681	53063
印刷和记录媒介复制业	19698	26097
文教、工美、体育和娱乐用品制造业	30268	25073
石油加工、炼焦和核燃料加工业	6737	14129
化学原料和化学制品制造业	101162	116535
医药制造业	219507	1417528
化学纤维制造业	22884	17250
橡胶和塑料制品业	86394	67366
非金属矿物制品业	65335	116207
黑色金属冶炼和压延加工业	19815	52976
有色金属冶炼和压延加工业	36526	13799
金属制品业	96162	70264
通用设备制造业	88914	131412
专用设备制造业	187899	162465
汽车制造业	212169	129073
铁路、船舶、航空航天和其他运输设备制造业	22899	27471
电气机械和器材制造业	229332	178144
计算机、通信和其他电子设备制造业	756029	446092
仪器仪表制造业	57339	49311
其他制造业	7552	4554
废弃资源综合利用业	2759	22296
金属制品、机械和设备修理业	2972	986
电力、热力、燃气及水生产和供应业	**14625**	**65341**
电力、热力生产和供应业	9173	44348
燃气生产和供应业	4141	19061
水的生产和供应业	1310	1932

2-8-10 分行业外商投资工业企业政府相关政策落实情况

单位：万元

行　　业	研究开发费用 加计扣除减免税	高新技术 企业减免税
合　计	**2989693**	**3453920**
采矿业	**13280**	**36389**
煤炭开采和洗选业	5614	
石油和天然气开采业	4005	29313
黑色金属矿采选业	864	
有色金属矿采选业	1194	905
非金属矿采选业	535	4687
开采及其他辅助性活动	1068	1484
制造业	**2957907**	**3401479**
农副食品加工业	21112	12382
食品制造业	46502	76071
酒、饮料和精制茶制造业	10065	3052
烟草制品业		
纺织业	20679	12846
纺织服装、服饰业	6566	3100
皮革、毛皮、羽毛及其制品和制鞋业	11011	13124
木材加工和木、竹、藤、棕、草制品业	1856	2156
家具制造业	9059	3776
造纸和纸制品业	18692	43495
印刷和记录媒介复制业	10675	10900
文教、工美、体育和娱乐用品制造业	21141	4238
石油加工、炼焦和核燃料加工业	10211	3848
化学原料和化学制品制造业	116658	252180
医药制造业	340928	268157
化学纤维制造业	7654	2766
橡胶和塑料制品业	49887	73336
非金属矿物制品业	38639	79402
黑色金属冶炼和压延加工业	25192	46070
有色金属冶炼和压延加工业	41734	21440
金属制品业	47746	48712
通用设备制造业	235587	277238
专用设备制造业	184182	181032
汽车制造业	662862	1007285
铁路、船舶、航空航天和其他运输设备制造业	23429	79533
电气机械和器材制造业	243437	312845
计算机、通信和其他电子设备制造业	698969	486410
仪器仪表制造业	46389	61192
其他制造业	2487	1319
废弃资源综合利用业	792	3304
金属制品、机械和设备修理业	3765	10272
电力、热力、燃气及水生产和供应业	**18506**	**16053**
电力、热力生产和供应业	4663	3188
燃气生产和供应业	12621	12546
水的生产和供应业	1222	320

2-8-11 各地区工业企业政府相关政策落实情况

单位：万元

地　　区	研究开发费用加计扣除减免税	高新技术企业减免税
全　　国	**29942729**	**23830069**
东部地区	20397297	16693644
中部地区	6069231	4151997
西部地区	2673241	1894127
东北地区	802961	1090301
北　　京	624406	1773814
天　　津	426089	280554
河　　北	610416	846588
山　　西	343635	256992
内 蒙 古	174590	315168
辽　　宁	427055	472484
吉　　林	217476	500794
黑 龙 江	158431	117024
上　　海	1271732	855505
江　　苏	3867537	3658102
浙　　江	3410525	2722361
安　　徽	1390729	949140
福　　建	736967	670822
江　　西	805229	719352
山　　东	1993464	1943618
河　　南	969017	571361
湖　　北	1069282	737495
湖　　南	1491339	917657
广　　东	7382971	3891622
广　　西	340791	123131
海　　南	73191	50658
重　　庆	361216	119546
四　　川	718119	272765
贵　　州	104331	70019
云　　南	163916	148715
西　　藏	2291	1019
陕　　西	422659	288566
甘　　肃	110090	84927
青　　海	29264	109859
宁　　夏	84753	43200
新　　疆	161222	317214

2-8-12 各地区大型工业企业政府相关政策落实情况

单位：万元

地区	研究开发费用加计扣除减免税	高新技术企业减免税
全　国	**13036803**	**11644592**
东部地区	9307546	8241077
中部地区	2169134	1824830
西部地区	1182959	966748
东北地区	377164	611938
北　京	236184	1330353
天　津	254121	101992
河　北	245744	397761
山　西	219623	163236
内蒙古	99883	181732
辽　宁	162475	151824
吉　林	130533	422569
黑龙江	84156	37546
上　海	590662	279815
江　苏	1370170	1626898
浙　江	1062437	981007
安　徽	469001	423373
福　建	367675	417904
江　西	230023	408265
山　东	844860	1033519
河　南	484154	276126
湖　北	436946	310447
湖　南	329387	243383
广　东	4324476	2045891
广　西	157764	49088
海　南	11218	25937
重　庆	159653	41778
四　川	339596	99239
贵　州	32914	23883
云　南	50595	54207
西　藏		
陕　西	183457	149953
甘　肃	41285	47394
青　海	13527	57327
宁　夏	18625	19187
新　疆	85662	242960

2-8-13 各地区中型工业企业政府相关政策落实情况

单位：万元

地　区	研究开发费用加计扣除减免税	高新技术企业减免税
全　国	**7183621**	**6805040**
东部地区	4929562	4766806
中部地区	1368383	1216303
西部地区	707569	569223
东北地区	178108	252708
北　京	207363	286786
天　津	72460	95466
河　北	138894	259929
山　西	68936	63172
内蒙古	45330	90918
辽　宁	114292	184361
吉　林	37253	41052
黑龙江	26562	27295
上　海	317726	302802
江　苏	1112778	1123315
浙　江	1022427	992063
安　徽	303430	249130
福　建	185256	166711
江　西	206640	149480
山　东	446751	511070
河　南	218919	162681
湖　北	244089	232018
湖　南	326370	359822
广　东	1393209	1017094
广　西	85606	41224
海　南	32697	11570
重　庆	103210	48074
四　川	192402	86959
贵　州	37808	31289
云　南	39552	68197
西　藏	239	
陕　西	94279	66523
甘　肃	41008	25749
青　海	8715	50787
宁　夏	27015	16156
新　疆	32405	43347

2-8-14　各地区国有及国有控股工业企业政府相关政策落实情况

单位：万元

地　　区	研究开发费用加计扣除减免税	高新技术企业减免税
全　　国	**5374786**	**4683704**
东部地区	2437053	2383253
中部地区	1617591	1068445
西部地区	989975	700529
东北地区	330167	531478
北　　京	222428	224778
天　　津	73955	27778
河　　北	104029	138885
山　　西	201119	144964
内 蒙 古	37636	134827
辽　　宁	128131	99355
吉　　林	112108	383607
黑 龙 江	89929	48516
上　　海	483730	185151
江　　苏	371501	350605
浙　　江	154574	153573
安　　徽	315630	187117
福　　建	105085	93114
江　　西	103002	161866
山　　东	425972	561545
河　　南	332158	128588
湖　　北	414364	243697
湖　　南	251318	202212
广　　东	491834	644332
广　　西	167129	26513
海　　南	3945	3492
重　　庆	103467	35411
四　　川	237862	104964
贵　　州	40312	40436
云　　南	55322	80728
西　　藏	40	
陕　　西	198440	149367
甘　　肃	58665	45982
青　　海	13043	10843
宁　　夏	15589	613
新　　疆	62470	70846

2-8-15 各地区内资工业企业政府相关政策落实情况

单位：万元

地区	研究开发费用加计扣除减免税	高新技术企业减免税
全国	**24421972**	**17013849**
东部地区	15664530	10974501
中部地区	5602528	3725040
西部地区	2470159	1689141
东北地区	684755	625168
北京	469657	450093
天津	226724	175503
河北	494509	611256
山西	331551	251968
内蒙古	165672	305644
辽宁	348046	362095
吉林	182334	147464
黑龙江	154376	115608
上海	670935	484650
江苏	2950511	2548725
浙江	2664686	2075252
安徽	1273917	798607
福建	544290	496991
江西	742642	661040
山东	1725794	1671705
河南	897005	532048
湖北	963904	638421
湖南	1393508	842955
广东	5867205	2426123
广西	309404	98914
海南	50220	34204
重庆	303826	95852
四川	666044	260742
贵州	98824	66988
云南	156499	136738
西藏	1693	409
陕西	393118	278570
甘肃	109128	79847
青海	27482	54796
宁夏	80799	41586
新疆	157670	269054

2-8-16 各地区港澳台商投资工业企业政府相关政策落实情况

单位：万元

地区	研究开发费用加计扣除减免税	高新技术企业减免税
全国	**2531065**	**3362300**
东部地区	2248631	3091167
中部地区	189640	168842
西部地区	62965	37929
东北地区	29829	64362
北京	67827	1183373
天津	37558	38963
河北	60104	142620
山西	6046	750
内蒙古	3273	8456
辽宁	23888	56971
吉林	4389	7347
黑龙江	1552	44
上海	145727	127459
江苏	417476	498094
浙江	349926	261088
安徽	37797	47300
福建	109082	116905
江西	27049	20976
山东	120354	78205
河南	37823	17210
湖北	23555	48807
湖南	57370	33800
广东	924305	639408
广西	6662	5260
海南	16273	5053
重庆	22727	6468
四川	16288	4773
贵州	1906	158
云南	3983	3870
西藏		
陕西	4465	239
甘肃	697	4984
青海	45	179
宁夏	1656	39
新疆	1264	3503

2-8-17　各地区外商投资工业企业政府相关政策落实情况

单位：万元

地　区	研究开发费用 加计扣除减免税	高新技术 企业减免税
全　国	**2989693**	**3453920**
东部地区	2484136	2627976
中部地区	277063	258114
西部地区	140118	167058
东北地区	88377	400772
北　京	86922	140348
天　津	161807	66088
河　北	55803	92711
山　西	6038	4274
内蒙古	5645	1069
辽　宁	55122	53417
吉　林	30753	345983
黑龙江	2503	1371
上　海	455071	243396
江　苏	499550	611283
浙　江	395913	386022
安　徽	79015	103233
福　建	83595	56927
江　西	35537	37336
山　东	147317	193709
河　南	34189	22103
湖　北	81823	50266
湖　南	40460	40903
广　东	591461	826092
广　西	24725	18957
海　南	6698	11402
重　庆	34663	17226
四　川	35787	7249
贵　州	3601	2873
云　南	3434	8107
西　藏	598	609
陕　西	25077	9757
甘　肃	265	96
青　海	1737	54884
宁　夏	2298	1574
新　疆	2288	44658

第二部分 工业企业研发活动情况

工业企业技术获取和技术改造情况（2022）

2-9-1 分登记注册类型工业企业技术获取和技术改造情况

单位：万元

登记注册类型	引进境外技术经费支出	引进境外技术消化吸收经费支出	购买境内技术经费支出	技术改造经费支出
合　计	**3562810**	**857651**	**5999920**	**39683844**
国有及国有控股	**2201714**	**630048**	**1651071**	**19448693**
内资企业	**1299302**	**221903**	**5280650**	**33166748**
国有企业	63346	53	229528	1083044
集体企业			263	5650
股份合作企业		12	164	8067
联营企业			40	63555
有限责任公司	329978	23990	2794740	14418089
股份有限公司	243416	24278	845335	8909739
私营企业	660550	173571	1407603	8671741
其他企业	2013		2975	6864
港、澳、台商投资企业	**82364**	**5432**	**302639**	**2966319**
合资经营企业	19912	3236	111702	802724
合作经营企业	134		1041	6639
港、澳、台商独资经营企业	36723	1745	137844	1690094
港、澳、台商投资股份有限公司	24530	452	50847	445965
其他港、澳、台投资企业	1065		1205	20897
外商投资企业	**2181144**	**630315**	**416632**	**3550777**
中外合资经营企业	1742108	602331	89051	2124407
中外合作经营企业	354		9490	23771
外资企业	429249	27532	287573	1177020
外商投资股份有限公司	9151		30435	218527
其他外商投资企业	281	453	84	7053

2-9-2　分登记注册类型大型工业企业技术获取和技术改造情况

单位：万元

登记注册类型	引进境外技术经费支出	引进境外技术消化吸收经费支出	购买境内技术经费支出	技术改造经费支出
合　计	**3153292**	**806511**	**3624986**	**27484466**
国有及国有控股	**2155363**	**624620**	**1379454**	**16588131**
内资企业	**1161539**	**189728**	**3020334**	**22627696**
国有企业	63346	46	224722	895402
集体企业				4067
股份合作企业			16	5287
联营企业				58996
有限责任公司	301555	17521	949547	10440216
股份有限公司	225628	19760	763258	7776239
私营企业	568998	152402	1079816	3447156
其他企业	2013		2975	332
港、澳、台商投资企业	**62365**	**2810**	**243652**	**2119381**
合资经营企业	16573	1141	94744	460514
合作经营企业				1475
港、澳、台商独资经营企业	26719	1218	110509	1325083
港、澳、台商投资股份有限公司	19074	450	38400	323060
其他港、澳、台投资企业				9249
外商投资企业	**1929387**	**613973**	**361000**	**2737390**
中外合资经营企业	1652289	596945	68623	1788437
中外合作经营企业	354		9490	16505
外资企业	268201	17028	252794	752347
外商投资股份有限公司	8543		30094	176611
其他外商投资企业				3491

2-9-3 分登记注册类型中型工业企业技术获取和技术改造情况

单位：万元

登记注册类型	引进境外技术经费支出	引进境外技术消化吸收经费支出	购买境内技术经费支出	技术改造经费支出
合　计	**312444**	**46313**	**2052723**	**7155921**
国有及国有控股	**39168**	**4570**	**227758**	**1996406**
内资企业	**86396**	**29254**	**1967725**	**5921328**
国有企业		7	3458	137771
集体企业				227
股份合作企业			132	209
联营企业				1413
有限责任公司	8376	5956	1745322	2432055
股份有限公司	13106	3738	67769	904179
私营企业	64914	19553	151042	2443402
其他企业				2072
港、澳、台商投资企业	**15338**	**2571**	**45559**	**628778**
合资经营企业	1504	2095	15060	250538
合作经营企业				3463
港、澳、台商独资经营企业	7313	476	20017	264666
港、澳、台商投资股份有限公司	5456		10482	103993
其他港、澳、台投资企业	1065			6119
外商投资企业	**210710**	**14488**	**39439**	**605814**
中外合资经营企业	72739	5099	14784	243092
中外合作经营企业				7178
外资企业	137362	9389	24461	317664
外商投资股份有限公司	609		194	36319
其他外商投资企业				1561

2-9-4 分行业工业企业技术获取和技术改造情况

单位：万元

行 业	引进境外技术经费支出	引进境外技术消化吸收经费支出	购买境内技术经费支出	技术改造经费支出
合 计	**3562810**	**857651**	**5999920**	**39683844**
采矿业	**1681**	**971**	**10761**	**1432214**
煤炭开采和洗选业	1142	971	6711	1251953
石油和天然气开采业			53	8538
黑色金属矿采选业			1446	16703
有色金属矿采选业			581	88102
非金属矿采选业			1599	65939
开采及其他辅助性活动	539		371	980
制造业	**3560285**	**856671**	**5736309**	**35885411**
农副食品加工业	1542	450	8948	306127
食品制造业	6362	1389	80403	360322
酒、饮料和精制茶制造业	1649	429	31038	730216
烟草制品业	49293	46	162034	940796
纺织业	10798	424	21262	326202
纺织服装、服饰业	94		2081	44445
皮革、毛皮、羽毛及其制品和制鞋业		12	615	24056
木材加工和木、竹、藤、棕、草制品业	738	765	1043	50630
家具制造业	554	2	5793	73509
造纸和纸制品业	8082	2679	4502	188617
印刷和记录媒介复制业	22623	5	4265	195508
文教、工美、体育和娱乐用品制造业	731	4171	5627	95583
石油加工、炼焦和核燃料加工业	7565	4441	21299	1546600
化学原料和化学制品制造业	76953	12694	114133	2925387
医药制造业	114282	6201	423738	1334170
化学纤维制造业	13201		4781	220631
橡胶和塑料制品业	56994	984	17488	783716
非金属矿物制品业	6310	447	38095	1159865
黑色金属冶炼和压延加工业	368164	22341	454563	7832558
有色金属冶炼和压延加工业	2799	3517	13046	1399145
金属制品业	20540	1489	51567	969802
通用设备制造业	150579	9193	107122	1743781
专用设备制造业	26380	17659	49460	789270
汽车制造业	1836961	618433	353226	2878963
铁路、船舶、航空航天和其他运输设备制造业	258468	1323	363046	995645
电气机械和器材制造业	107242	136968	2092039	2785509
计算机、通信和其他电子设备制造业	385295	10463	1215191	4713224
仪器仪表制造业	26086	15	40946	268033
其他制造业			898	75093
废弃资源综合利用业		100	1240	71044
金属制品、机械和设备修理业		32	46822	56964
电力、热力、燃气及水生产和供应业	**844**	**9**	**252850**	**2366219**
电力、热力生产和供应业	844	9	251646	2279948
燃气生产和供应业			1046	51068
水的生产和供应业			158	35202

2-9-5 分行业大型工业企业技术获取和技术改造情况

单位：万元

行业	引进境外技术经费支出	引进境外技术消化吸收经费支出	购买境内技术经费支出	技术改造经费支出
合 计	**3153292**	**806511**	**3624986**	**27484466**
采矿业	**1137**	**966**	**4911**	**1304610**
煤炭开采和洗选业	1137	966	2482	1239174
石油和天然气开采业			53	177
黑色金属矿采选业			1446	8632
有色金属矿采选业			260	53613
非金属矿采选业			670	2238
开采及其他辅助性活动				776
制造业	**3152154**	**805546**	**3394320**	**24769855**
农副食品加工业	450	215	2626	48392
食品制造业	4356	1388	70251	153416
酒、饮料和精制茶制造业	1636	213	28742	664548
烟草制品业	49293	46	159429	925652
纺织业	6940		9530	128214
纺织服装、服饰业			30	18964
皮革、毛皮、羽毛及其制品和制鞋业				5391
木材加工和木、竹、藤、棕、草制品业				2898
家具制造业			4831	51222
造纸和纸制品业	2487	2356	1440	85418
印刷和记录媒介复制业	21605		406	53978
文教、工美、体育和娱乐用品制造业	314	3769	829	35473
石油加工、炼焦和核燃料加工业	7565	4441	7301	1447775
化学原料和化学制品制造业	30185	657	36166	1534857
医药制造业	92023	5710	264824	536576
化学纤维制造业	10546		4297	138694
橡胶和塑料制品业	46345	710	4901	370827
非金属矿物制品业		385	14224	452133
黑色金属冶炼和压延加工业	349309	20221	434270	7413858
有色金属冶炼和压延加工业	2563	3517	8431	1166858
金属制品业	415	20	15486	403634
通用设备制造业	90416	7748	40204	802607
专用设备制造业	11385	10025	18730	317321
汽车制造业	1741682	607104	259349	1926871
铁路、船舶、航空航天和其他运输设备制造业	251986	1323	219103	837475
电气机械和器材制造业	67795	134581	571391	1796140
计算机、通信和其他电子设备制造业	340501	1019	1151662	3252295
仪器仪表制造业	22358		17580	69468
其他制造业			669	54076
废弃资源综合利用业		100	999	22783
金属制品、机械和设备修理业			46619	52044
电力、热力、燃气及水生产和供应业			**225755**	**1410001**
电力、热力生产和供应业			225755	1351208
燃气生产和供应业				41755
水的生产和供应业				17037

2-9-6 分行业中型工业企业技术获取和技术改造情况

单位：万元

行 业	引进境外技术经费支出	引进境外技术消化吸收经费支出	购买境内技术经费支出	技术改造经费支出
合 计	**312444**	**46313**	**2052723**	**7155921**
采矿业	**5**	**5**	**4882**	**101232**
煤炭开采和洗选业	5	5	4187	11306
石油和天然气开采业				
黑色金属矿采选业				4882
有色金属矿采选业			147	25751
非金属矿采选业			192	59171
开采及其他辅助性活动			357	123
制造业	**311730**	**46308**	**2032729**	**6458388**
农副食品加工业	839		1828	53028
食品制造业	1852		3743	113162
酒、饮料和精制茶制造业		212	841	33726
烟草制品业				778
纺织业	2139	418	5625	109792
纺织服装、服饰业	94		988	13363
皮革、毛皮、羽毛及其制品和制鞋业			226	9565
木材加工和木、竹、藤、棕、草制品业	447		70	12755
家具制造业			382	10861
造纸和纸制品业	3117	323	753	47617
印刷和记录媒介复制业			363	60258
文教、工美、体育和娱乐用品制造业			602	21398
石油加工、炼焦和核燃料加工业			3708	52970
化学原料和化学制品制造业	35685	11835	61000	1001153
医药制造业	21626	476	126541	566131
化学纤维制造业	2518		56	26957
橡胶和塑料制品业	8064		4707	187398
非金属矿物制品业	3167		6576	316300
黑色金属冶炼和压延加工业	18747	2120	19315	386765
有色金属冶炼和压延加工业	148		2230	143301
金属制品业	16464	1458	22562	298735
通用设备制造业	49312	1287	25989	555752
专用设备制造业	4747	6098	8978	245621
汽车制造业	82999	11179	74280	482325
铁路、船舶、航空航天和其他运输设备制造业	3339		140973	95136
电气机械和器材制造业	36319	2301	1479825	481687
计算机、通信和其他电子设备制造业	18080	8599	26346	1016637
仪器仪表制造业	2025		14203	92087
其他制造业			22	13043
废弃资源综合利用业				7763
金属制品、机械和设备修理业				2324
电力、热力、燃气及水生产和供应业	**710**		**15111**	**596301**
电力、热力生产和供应业	710		13980	577789
燃气生产和供应业			988	6325
水的生产和供应业			143	12187

2-9-7 分行业国有及国有控股工业企业技术获取和技术改造情况

单位：万元

行　业	引进境外技术经费支出	引进境外技术消化吸收经费支出	购买境内技术经费支出	技术改造经费支出
合　计	**2201714**	**630048**	**1651071**	**19448693**
采矿业	**1142**	**971**	**9562**	**1263034**
煤炭开采和洗选业	1142	971	6669	1112312
石油和天然气开采业			53	256
黑色金属矿采选业			1446	14921
有色金属矿采选业			455	74790
非金属矿采选业			939	59978
开采及其他辅助性活动				776
制造业	**2199728**	**629069**	**1390705**	**15913877**
农副食品加工业		8	2307	45436
食品制造业			988	54168
酒、饮料和精制茶制造业		205	26346	638455
烟草制品业	49293	46	161559	938060
纺织业			2145	20569
纺织服装、服饰业			242	8310
皮革、毛皮、羽毛及其制品和制鞋业				
木材加工和木、竹、藤、棕、草制品业	131	765	70	5690
家具制造业				377
造纸和纸制品业	1563		377	48804
印刷和记录媒介复制业			629	20994
文教、工美、体育和娱乐用品制造业	314	3769		1204
石油加工、炼焦和核燃料加工业	5615	4326	6158	1402462
化学原料和化学制品制造业	19973	657	46541	1412712
医药制造业	19709	4136	48144	176437
化学纤维制造业			56	61492
橡胶和塑料制品业	5013		465	26891
非金属矿物制品业	111		4658	323431
黑色金属冶炼和压延加工业	71557	2229	396268	5195205
有色金属冶炼和压延加工业	947	3121	2353	1182051
金属制品业	1	12	17858	126777
通用设备制造业	94400	3974	19105	549035
专用设备制造业		4014	13782	261999
汽车制造业	1641981	598400	193638	1739508
铁路、船舶、航空航天和其他运输设备制造业	240912	182	333433	847238
电气机械和器材制造业	9190	2209	24127	127472
计算机、通信和其他电子设备制造业	39018	1019	37200	545733
仪器仪表制造业			5639	28481
其他制造业				59955
废弃资源综合利用业				11193
金属制品、机械和设备修理业			46619	53738
电力、热力、燃气及水生产和供应业	**844**	**9**	**250805**	**2271783**
电力、热力生产和供应业	844	9	249600	2194653
燃气生产和供应业			1046	48314
水的生产和供应业			158	28815

2-9-8 分行业内资工业企业技术获取和技术改造情况

单位：万元

行业	引进境外技术经费支出	引进境外技术消化吸收经费支出	购买境内技术经费支出	技术改造经费支出
合　计	**1299302**	**221903**	**5280650**	**33166748**
采矿业	**1142**	**971**	**10761**	**1291632**
煤炭开采和洗选业	1142	971	6711	1115359
石油和天然气开采业			53	5243
黑色金属矿采选业			1446	16703
有色金属矿采选业			581	88102
非金属矿采选业			1599	65245
开采及其他辅助性活动			371	980
制造业	**1297450**	**220924**	**5020074**	**29657392**
农副食品加工业	575	450	8515	285412
食品制造业	17	1	8494	193414
酒、饮料和精制茶制造业	1649	421	30223	710318
烟草制品业	49293	46	162034	940796
纺织业	1168	160	11752	229936
纺织服装、服饰业	94		2081	30245
皮革、毛皮、羽毛及其制品和制鞋业		12	615	20566
木材加工和木、竹、藤、棕、草制品业	738	765	1043	47235
家具制造业	3	2	5342	44222
造纸和纸制品业	8066	2679	4028	160169
印刷和记录媒介复制业	1019	5	3873	142313
文教、工美、体育和娱乐用品制造业	471	4127	4314	71816
石油加工、炼焦和核燃料加工业	5820	4441	21299	1434976
化学原料和化学制品制造业	31414	12542	103002	2747708
医药制造业	93375	5725	234492	1079571
化学纤维制造业	10683		4721	211504
橡胶和塑料制品业	9044	821	12351	554846
非金属矿物制品业	2064	447	37996	1008130
黑色金属冶炼和压延加工业	368048	20266	454169	7712234
有色金属冶炼和压延加工业	2028	3121	11092	1346080
金属制品业	14082	1460	46406	759120
通用设备制造业	69876	5000	76176	1475261
专用设备制造业	9439	7016	46440	680599
汽车制造业	41828	7338	255887	1370855
铁路、船舶、航空航天和其他运输设备制造业	235790	182	355121	969019
电气机械和器材制造业	37609	133973	1936272	2355042
计算机、通信和其他电子设备制造业	295819	9779	1148351	2702833
仪器仪表制造业	7442	15	31451	227723
其他制造业			872	69680
废弃资源综合利用业		100	1240	66340
金属制品、机械和设备修理业		32	421	9433
电力、热力、燃气及水生产和供应业	**710**	**9**	**249814**	**2217725**
电力、热力生产和供应业	710	9	249304	2142741
燃气生产和供应业			352	46991
水的生产和供应业			158	27992

2-9-9 分行业港澳台商投资工业企业技术获取和技术改造情况

单位：万元

行 业	引进境外技术经费支出	引进境外技术消化吸收经费支出	购买境内技术经费支出	技术改造经费支出
合 计	**82364**	**5432**	**302639**	**2966319**
采矿业				**132539**
煤炭开采和洗选业				132539
石油和天然气开采业				
黑色金属矿采选业				
有色金属矿采选业				
非金属矿采选业				
开采及其他辅助性活动				
制造业	**82230**	**5432**	**299603**	**2743675**
农副食品加工业			381	10646
食品制造业	4440		3336	59172
酒、饮料和精制茶制造业			350	16781
烟草制品业				
纺织业	7312		9274	49836
纺织服装、服饰业				10229
皮革、毛皮、羽毛及其制品和制鞋业				2908
木材加工和木、竹、藤、棕、草制品业				2809
家具制造业			451	28428
造纸和纸制品业	17		474	25746
印刷和记录媒介复制业			370	19227
文教、工美、体育和娱乐用品制造业	50	40	1236	15943
石油加工、炼焦和核燃料加工业	1745			88296
化学原料和化学制品制造业	2524		3276	54200
医药制造业	19154	476	80682	157946
化学纤维制造业	2518			8607
橡胶和塑料制品业	18	2	4107	172124
非金属矿物制品业	989		98	129519
黑色金属冶炼和压延加工业	9	2075	393	75288
有色金属冶炼和压延加工业	623	396	672	26336
金属制品业	992	29	4091	46914
通用设备制造业	194		8342	173954
专用设备制造业	105	442	325	35078
汽车制造业	12012		40051	94810
铁路、船舶、航空航天和其他运输设备制造业	11003	1141	7919	8409
电气机械和器材制造业	4199	829	60109	264179
计算机、通信和其他电子设备制造业	14328	2	27254	1094472
仪器仪表制造业				16049
其他制造业			12	3602
废弃资源综合利用业				4704
金属制品、机械和设备修理业			46401	47467
电力、热力、燃气及水生产和供应业	**134**		**3036**	**90105**
电力、热力生产和供应业	134		2342	88794
燃气生产和供应业			694	14
水的生产和供应业				1298

2-9-10 分行业外商投资工业企业技术获取和技术改造情况

单位：万元

行业	引进境外技术经费支出	引进境外技术消化吸收经费支出	购买境内技术经费支出	技术改造经费支出
合 计	**2181144**	**630315**	**416632**	**3550777**
采矿业	**539**			**8044**
煤炭开采和洗选业				4055
石油和天然气开采业				3296
黑色金属矿采选业				
有色金属矿采选业				
非金属矿采选业				694
开采及其他辅助性活动	539			
制造业	**2180605**	**630315**	**416632**	**3484345**
农副食品加工业	967		52	10070
食品制造业	1905	1388	68574	107736
酒、饮料和精制茶制造业		8	465	3118
烟草制品业				
纺织业	2318	264	236	46430
纺织服装、服饰业				3971
皮革、毛皮、羽毛及其制品和制鞋业				582
木材加工和木、竹、藤、棕、草制品业				587
家具制造业	551			859
造纸和纸制品业				2703
印刷和记录媒介复制业	21605		22	33969
文教、工美、体育和娱乐用品制造业	210	4	77	7825
石油加工、炼焦和核燃料加工业				23329
化学原料和化学制品制造业	43016	152	7855	123479
医药制造业	1753		108564	96653
化学纤维制造业			60	521
橡胶和塑料制品业	47932	162	1030	56746
非金属矿物制品业	3257			22217
黑色金属冶炼和压延加工业	108	1	1	45035
有色金属冶炼和压延加工业	148		1282	26729
金属制品业	5466		1070	163768
通用设备制造业	80510	4193	22604	94567
专用设备制造业	16837	10201	2695	73593
汽车制造业	1783120	611095	57288	1413299
铁路、船舶、航空航天和其他运输设备制造业	11675		6	18217
电气机械和器材制造业	65434	2166	95657	166289
计算机、通信和其他电子设备制造业	75149	682	39586	915920
仪器仪表制造业	18645		9495	24261
其他制造业			13	1811
废弃资源综合利用业				
金属制品、机械和设备修理业				64
电力、热力、燃气及水生产和供应业				**58389**
电力、热力生产和供应业				48414
燃气生产和供应业				4063
水的生产和供应业				5912

2-9-11 各地区工业企业技术获取和技术改造情况

单位：万元

地区	引进境外技术经费支出	引进境外技术消化吸收经费支出	购买境内技术经费支出	技术改造经费支出
全国	**3562810**	**857651**	**5999920**	**39683844**
东部地区	3077590	810847	4697019	20780252
中部地区	120549	20601	265967	9708007
西部地区	287883	22732	756205	7585491
东北地区	76788	3471	280730	1610094
北京	34579	9543	153098	96153
天津	32229		18979	283354
河北	12540		111283	848477
山西	1186	966	10223	913373
内蒙古	2042	11059	240929	644807
辽宁	49454	30	44969	1031565
吉林	24754		215886	365977
黑龙江	2581	3441	19874	212553
上海	1123939	607183	554111	2027306
江苏	560401	23035	1633933	4554959
浙江	158780	2692	235157	2978643
安徽	15259	7550	70056	3001962
福建	43089	138937	216300	1307739
江西	21383	2075	88618	939362
山东	102563	6933	234190	3223109
河南	6433	1	35576	979335
湖北	32612	2335	19653	2322271
湖南	43678	7675	41841	1551705
广东	1009470	22525	1538457	5413362
广西	584		224415	1156414
海南			1513	47150
重庆	173812	5196	46680	626258
四川	15114	1998	79276	1457667
贵州	741		6550	809442
云南	49704	46	79897	519244
西藏				2307
陕西	34887	71	57515	480543
甘肃		27	5173	799478
青海			31	27544
宁夏			12839	594429
新疆	11000	4335	2901	467359

2-9-12 各地区大型工业企业技术获取和技术改造情况

单位：万元

地区	引进境外技术经费支出	引进境外技术消化吸收经费支出	购买境内技术经费支出	技术改造经费支出
全国	**3153292**	**806511**	**3624986**	**27484466**
东部地区	2700863	779060	2584918	12887369
中部地区	100802	16599	158920	7258011
西部地区	279951	7432	614499	5890088
东北地区	71676	3421	266650	1448998
北京	21224		2482	59466
天津	20497		11754	207208
河北	9313		103408	516543
山西	1137	966	8663	826793
内蒙古	1745		233903	475480
辽宁	44938		37660	931922
吉林	24754		213811	346028
黑龙江	1984	3421	15179	171048
上海	1076600	604763	488005	1784496
江苏	445450	19910	108870	2631115
浙江	73746		99494	1160395
安徽	8857	6433	38615	2162223
福建	31527	131237	196384	940657
江西	21062	1755	70757	654162
山东	79432	5818	165349	2292146
河南	6314		11753	754281
湖北	26813		4502	1809236
湖南	36619	7446	24630	1051317
广东	943075	17333	1409172	3264708
广西			215896	893372
海南				30635
重庆	168849	1258	7009	424008
四川	13819	1712	60959	1134464
贵州	712		1674	684499
云南	49129	46	77936	441746
西藏				
陕西	34697	71	9467	359699
甘肃		19	4804	740606
青海				18801
宁夏			2502	333403
新疆	11000	4326	349	384011

2-9-13 各地区中型工业企业技术获取和技术改造情况

单位：万元

地　区	引进境外技术经费支出	引进境外技术消化吸收经费支出	购买境内技术经费支出	技术改造经费支出
全　国	**312444**	**46313**	**2052723**	**7155921**
东部地区	287106	27773	1870206	4783609
中部地区	15376	3268	62421	1171769
西部地区	5675	15271	113205	1091588
东北地区	4288		6891	108955
北　京	8634	9380	147254	28209
天　津	11604		7005	55737
河　北	3202		6037	140163
山　西			785	37024
内蒙古	297	11059	6594	120885
辽　宁	4288		4114	68287
吉　林			2015	6521
黑龙江			762	34147
上　海	38979	2340	58331	100741
江　苏	86224	2267	1465069	1216845
浙　江	73409	1722	66562	1096052
安　徽	4366	1098	17472	452587
福　建	10864	7638	13050	223407
江　西			9564	177149
山　东	10712	771	49384	591303
河　南	58		20193	106206
湖　北	4126	2160	4649	225705
湖　南	6826	10	9758	173097
广　东	43478	3656	57375	1318816
广　西	420		6996	141488
海　南			140	12338
重　庆	3833	3938	37228	132631
四　川	941	274	14990	226177
贵　州			253	85217
云　南			332	50097
西　藏				
陕　西	185		34187	73532
甘　肃			20	46241
青　海				969
宁　夏			10114	176250
新　疆			2492	38101

2-9-14 各地区国有及国有控股工业企业技术获取和技术改造情况

单位：万元

地 区	引进境外技术经费支出	引进境外技术消化吸收经费支出	购买境内技术经费支出	技术改造经费支出
全 国	**2201714**	**630048**	**1651071**	**19448693**
东部地区	1858718	610345	827923	6911217
中部地区	68175	6093	130849	5791633
西部地区	244831	10189	441930	5438840
东北地区	29990	3421	250369	1307003
北 京	14859		150369	85757
天 津			6429	127484
河 北	343		3214	387204
山 西	1137	966	9547	691079
内 蒙 古			208412	428522
辽 宁	3265		35522	803520
吉 林	24754		213811	351524
黑 龙 江	1972	3421	1036	151959
上 海	1105276	604905	493453	1847356
江 苏	23608	249	36796	1159832
浙 江	5804		9501	511076
安 徽	5024	3367	25267	1609224
福 建	4476	243	23415	302270
江 西	19548	1755	44797	540077
山 东	45518		73142	1201980
河 南	6314		28529	416410
湖 北	25979		3311	1638582
湖 南	10173	5	19398	896262
广 东	658835	4948	31464	1257569
广 西			62173	778254
海 南			140	30689
重 庆	156855	3938	24579	433614
四 川	12464	1773	48316	930414
贵 州	712		1603	749022
云 南	49129	46	77903	279279
西 藏				2017
陕 西	14672	71	11301	390857
甘 肃		27	4924	773732
青 海				16638
宁 夏			499	410224
新 疆	11000	4335	2220	246268

2-9-15 各地区内资工业企业技术获取和技术改造情况

单位：万元

地 区	引进境外技术经费支出	引进境外技术消化吸收经费支出	购买境内技术经费支出	技术改造经费支出
全 国	**1299302**	**221903**	**5280650**	**33166748**
东部地区	1095660	183062	4026766	15317532
中部地区	49302	12639	252294	8993852
西部地区	122160	22732	725135	7277238
东北地区	32180	3471	276455	1578126
北 京	1832		153021	88928
天 津	657		17970	270170
河 北	367		5367	771478
山 西	1186	966	10223	908321
内 蒙 古	297	11059	214113	600667
辽 宁	5385	30	41690	999892
吉 林	24754		215650	365977
黑 龙 江	2042	3441	19115	212258
上 海	314204	9805	540366	1182422
江 苏	364315	20651	1558254	3652852
浙 江	92326	1568	164737	2573582
安 徽	9616	7074	64996	2606263
福 建	38460	138210	137038	817293
江 西	21018	2075	88083	890703
山 东	57647	6924	138690	2618764
河 南	6397	1	34728	954679
湖 北	5455	2294	18997	2267876
湖 南	5631	229	35267	1366009
广 东	225852	5903	1309811	3319600
广 西	583		224342	1033118
海 南			1513	22443
重 庆	10307	5196	43992	561302
四 川	14826	1998	79149	1423535
贵 州	741		6450	788287
云 南	49704	46	79837	514079
西 藏				2047
陕 西	34703	71	56307	470584
甘 肃		27	5173	799478
青 海			31	23927
宁 夏			12839	594131
新 疆	11000	4335	2901	466083

2-9-16　各地区港澳台商投资工业企业技术获取和技术改造情况

单位：万元

地　区	引进境外技术经费支出	引进境外技术消化吸收经费支出	购买境内技术经费支出	技术改造经费支出
全　国	**82364**	**5432**	**302639**	**2966319**
东部地区	80292	4916	298061	2401116
中部地区	248	516	646	478651
西部地区	1745		672	78481
东北地区	79		3260	8071
北　京	1189			5291
天　津			4	4950
河　北	8971		5401	24658
山　西				
内蒙古	1745			12112
辽　宁	79		3260	8071
吉　林				
黑龙江				
上　海	1594		3269	68000
江　苏	10659	2077	39595	242591
浙　江	4836	20	32453	242928
安　徽		476	67	286212
福　建	3103	715	72970	301331
江　西			14	5559
山　东	20354		92029	379430
河　南			218	12777
湖　北	248	40	326	31251
湖　南			21	142852
广　东	29587	2104	52340	1107229
广　西				9473
海　南				24708
重　庆			672	3502
四　川				21318
贵　州				20492
云　南				4620
西　藏				
陕　西				5691
甘　肃				
青　海				
宁　夏				
新　疆				1273

2-9-17 各地区外商投资工业企业技术获取和技术改造情况

单位：万元

地区	引进境外技术经费支出	引进境外技术消化吸收经费支出	购买境内技术经费支出	技术改造经费支出
全国	**2181144**	**630315**	**416632**	**3550777**
东部地区	1901638	622869	372192	3061604
中部地区	70999	7446	13027	235504
西部地区	163978		30398	229772
东北地区	44529		1015	23897
北京	31558	9543	77	1934
天津	31573		1006	8234
河北	3202		100514	52341
山西				5052
内蒙古			26816	32027
辽宁	43990		20	23602
吉林			236	
黑龙江	539		759	295
上海	808142	597378	10475	776883
江苏	185427	307	36084	659515
浙江	61617	1104	37967	162133
安徽	5643		4993	109487
福建	1527	12	6292	189115
江西	365		520	43100
山东	24562	9	3471	224915
河南	36		630	11879
湖北	26908	1	330	23143
湖南	38047	7446	6554	42844
广东	754031	14518	176307	986534
广西			73	113823
海南				
重庆	163505		2016	61454
四川	288		127	12813
贵州			100	663
云南			60	545
西藏				260
陕西	185		1207	4269
甘肃				
青海				3617
宁夏				297
新疆				3

附录 主要指标解释

主要指标解释

研究与试验发展(R&D) 指为增加知识存量（也包括有关人类、文化和社会的知识）以及设计已有知识的新应用而进行的创造性、系统性工作，包括基础研究、应用研究和试验发展三种类型。国际上通常采用R&D活动的规模和强度指标反映一国的科技实力和核心竞争力。

R&D人员 指报告期R&D活动单位中从事基础研究、应用研究和试验发展活动的人员。包括直接参加上述三类R&D活动的人员，以及与上述三类R&D活动相关的管理人员和直接服务人员，即直接为R&D活动提供资料文献、材料供应、设备维护等服务的人员。不包括为R&D活动提供间接服务的人员，如餐饮服务、安保人员等。

R&D人员全时当量 指报告期R&D人员按实际从事R&D活动时间计算的工作量，以“人年”为计量单位。为国际上比较科技人力投入而制定的可比指标。

R&D经费支出 指报告期调查单位内部为实施R&D活动而实际发生的全部经费，按支出性质分为日常性支出和资产性支出。不包括调查单位委托其他单位或与其他单位合作开展R&D活动而转拨给其他单位的全部经费。

R&D经费支出中政府资金 指R&D经费支出中来自于各级政府财政的各类资金，包括财政科学技术支出和财政其他功能支出的资金用于R&D活动的实际支出。

R&D经费支出中企业资金 指R&D经费支出中来自于企业的各类资金。对企业而言，企业资金指企业自有资金、接受其他企业委托开展R&D活动而获得的资金，以及从金融机构贷款获得的开展R&D活动的资金；对科研院所、高校等事业单位而言，企业资金是指因接受从企业委托开展R&D活动而获得的各类资金。

新产品销售收入 指报告期企业销售新产品实现的销售收入。新产品是指采用新技术原理、新设计构思研制、生产的全新产品，或在结构、材质、工艺等某一方面比原有产品有明显改进，从而显著提高了产品性能或扩大了使用功能的产品。既包括经政府有关部门认定并在有效期内的新产品，也包括企业自行研制开发，未经政府有关部门认定，从投产之日起一年之内的新产品。

技术改造经费支出 指报告期内企业进行技术改造而发生的费用支出。技术改造指企业在坚持科技进步的前提下，将科技成果应用于生产的各个领域（产品、设备、工艺等），用先进工艺、设备代替落后工艺、设备，实现以内涵为主的扩大再生产，从而提高产品质量、促进产品更新换代、节约能源、降低消耗，全面提高综合经济效益。

购买境内技术经费支出 指报告期内企业购买境内其他单位科技成果的经费支出。包括购买产品设计、工艺流程、图纸、配方、专利、技术诀窍及设备的费用支出。

引进境外技术经费支出 指报告期内企业用于购买国外或港澳台技术的费用支出，包括产品设计、工艺流程、图纸、配方、专利等技术资料的费用支出，以及购买设备、仪器、样机和样件等的费用支出。

引进境外技术的消化吸收经费支出 指报告期内企业引进国外或港澳台技术的消化吸收经费支出。引进技术的消化吸收指对引进技术的掌握、应用、复制而开展的工作，以及在此基础上的创新。引进技术的消化吸收经费支出包括：人员培训费、测绘费、参加消化吸收人员的工资、工装、工艺开发费、必备的配套设备费、翻版费等。